Être

Infographie : Luisa da Silva

Catalogage avant publication de Bibliothèque et Archives nationales du Québec et Bibliothèque et Archives Canada

Ping, A. C.
Être
Traduction de : Be

1. Actualisation de soi. I. Titre.

BF637.S4P5614 2007 158.1 C2007-941890-2

Pour en savoir davantage sur nos publications, visitez notre site : **www.edhomme.com**
Autres sites à visiter : www.edjour.com
www.edtypo.com • www.edvlb.com
www.edhexagone.com • www.edutilis.com

09-07

L'ouvrage original a été publié par Marlowe & Company, succursale de Avalon Publishing Group Incorporated, sous le titre *Be*

Dépôt légal : 2007
Bibliothèque et Archives nationales du Québec

978-2-89044-753-0

DISTRIBUTEURS EXCLUSIFS :

- Pour le Canada et les États-Unis :
  MESSAGERIES ADP*
  2315, rue de la Province
  Longueuil, Québec J4G 1G4
  Tél. : 450 640-1237
  Télécopieur : 450 674-6237
  * une division du Groupe Sogides inc.,
  filiale du Groupe Livre Quebecor Média inc.

- Pour la France et les autres pays :
  INTERFORUM editis
  Immeuble Paryseine, 3, Allée de la Seine
  94854 Ivry CEDEX
  Tél. : 33 (0) 4 49 59 11 56/91
  Télécopieur : 33 (0) 1 49 59 11 33
  Service commandes France Métropolitaine
  Tél. : 33 (0) 2 38 32 71 00
  Télécopieur : 33 (0) 2 38 32 71 28
  Internet : www.interforum.fr
  Service commandes Export – DOM-TOM
  Télécopieur : 33 (0) 2 38 32 78 86
  Internet : www.interforum.fr
  Courriel : cdes-export@interforum.fr

- Pour la Suisse :
  INTERFORUM editis SUISSE
  Case postale 69 – CH 1701 Fribourg – Suisse
  Tél. : 41 (0) 26 460 80 60
  Télécopieur : 41 (0) 26 460 80 68
  Internet : www.interforumsuisse.ch
  Courriel : office@interforumsuisse.ch
  Distributeur : OLF S.A.
  ZI. 3, Corminboeuf
  Case postale 1061 – CH 1701 Fribourg – Suisse
  Commandes : Tél. : 41 (0) 26 467 53 33
  Télécopieur : 41 (0) 26 467 54 66
  Internet : www.olf.ch
  Courriel : information@olf.ch

- Pour la Belgique et le Luxembourg :
  INTERFORUM editis BENELUX S.A.
  Boulevard de l'Europe 117,
  B-1301 Wavre – Belgique
  Tél. : 32 (0) 10 42 03 20
  Télécopieur : 32 (0) 10 41 20 24
  Internet : www.interforum.be
  Courriel : info@interforum.be

Gouvernement du Québec – Programme de crédit d'impôt pour l'édition de livres – Gestion SODEC – www.sodec.gouv.qc.ca

L'Éditeur bénéficie du soutien de la Société de développement des entreprises culturelles du Québec pour son programme d'édition.

Le Conseil des Arts du Canada
The Canada Council for the Arts

Nous remercions le Conseil des Arts du Canada de l'aide accordée à notre programme de publication.

Nous reconnaissons l'aide financière du gouvernement du Canada par l'entremise du Programme d'aide au développement de l'industrie de l'édition (PADIÉ) pour nos activités d'édition.

A. C. Ping

Être

Traduit de l'anglais par Joëlle Pépin

Le Jour

Introduction

Ce que nous faisons dans la vie se répercute dans l'éternité.

— MAXIMUS LE GLADIATEUR

Au début du film *Gladiateur* apparaît Maximus, interprété par Russell Crowe, célèbre général romain qui inspire autant de respect à ses troupes qu'à César. En tant qu'instrument du pouvoir dans une structure hiérarchisée, son rôle est bien défini. Mais, au bout de quelques scènes seulement, force lui est de défendre ses convictions, si bien que son monde bascule irrémédiablement.

Trahi par un homme qu'il considérait comme un frère, injustement condamné à mort, puis témoin de l'horrible massacre de sa famille, il se donne un nouvel objectif : la vengeance. Vengeance qui ne lui est inspirée ni par le dépit ni par la jalousie, mais par la soif de justice. D'ailleurs, Maximus est visiblement guidé par des principes très stricts. Par exemple, il refuse de tuer un homme de sang-froid simplement pour plaire à la foule ; il regroupe ses compagnons d'esclavage ; et il se montre fidèle à ceux qui l'ont aidé. Et puis, à la fin, il meurt au cours d'une bataille, se sacrifiant pour le bien du peuple romain, remportant la victoire sur la tyrannie et l'injustice.

En deux heures, ce film nous démontre combien la vie peut être simple si on est en mesure de répondre à trois questions-clés: *Quel est mon objectif? Quelles sont mes convictions? Comment puis-je transcender l'ego?*

À notre époque, où les choix foisonnent à l'infini, peu d'entre nous peuvent répondre à ces questions avec une absolue précision. Bien sûr, il existe encore des endroits, dans les jungles d'Afrique et d'Amérique du Sud par exemple, où la vie peut se résoudre par une simple équation. Mais combien sont prêts à échanger le luxe de notre civilisation contre le dénuement du tiers-monde? Le paradoxe de notre époque, c'est que nous avons créé des sociétés qui répondent à nos besoins élémentaires et qui, dans une large mesure, ont éliminé les problèmes liés à la vie et à la mort, mais que, dans le même temps, les dépressions se répandent comme une lèpre dont les gens cherchent à se soulager par les drogues et le suicide.

Tandis que nous nous efforçons d'accroître sans cesse nos connaissances et nos possessions, dans bien des cas, au contraire, nous nous appauvrissons. En nous définissant par la valeur de ce que nous possédons et par la grandeur de nos réalisations, nous avons négligé de nous poser cette question: *Qui sommes-nous?* Même quand nous réussissons à méditer là-dessus, nous nous empressons de combler le vide par le bavardage des médias et des mercenaires de l'État qui cherchent à nous inculquer que nous ne sommes que des rouages de la machine économique.

Sauf que le changement est enclenché ! Nous sommes à l'aube d'un âge nouveau et ceux qui décident de se poser des questions sur l'inconséquence de notre époque sont de plus en plus nombreux. Plutôt que de tenir les choses pour acquises et de suivre la masse sur un chemin bien tracé mais insatisfaisant, certains ont choisi de dire : Ça suffit !

C'est à eux que s'adresse cet ouvrage, et à vous, peut-être. Mon but est de vous aider à vous poser les trois questions énoncées plus haut : *Quel est mon objectif ? Quelles sont mes convictions ? Comment transcender l'ego ?* De plus, ce livre aborde une autre question : *Comment être heureux ?* Car un objectif précis donnera un sens à la vie, certes, mais il n'apportera pas nécessairement le bonheur.

Comment ce livre a-t-il vu le jour ?

Disons simplement qu'il y a dix ans, ma vie se déroulait pour le mieux. J'étais marié et je cherchais à acheter une jolie maison. Ma carrière de magicien de la finance était en pleine ascension, ma famille et mes amis m'apportaient leur soutien, et mon seul souci était de savoir si j'allais échanger ma BMW contre une Porsche.

Puis les ennuis sont arrivés... En l'espace de trois ans est survenue ce que mes amis se sont plu à appeler ma « crise de la trentaine » et j'ai quitté mon emploi. Mon beau-père, dont j'étais très proche, est mort d'une maladie foudroyante et affreusement douloureuse. Mon mariage s'est écroulé. La BMW a été vendue. Un ami intime avec qui j'avais grandi a été emporté par un infarctus à la veille de ses 30 ans. Et, pour couronner le tout, mes amis et ma famille m'ont demandé ce que je comptais faire de ma vie ; ce faisant, ils ont réussi à semer le doute dans mon esprit.

Dire que j'en suis resté interloqué serait un euphémisme. Ma vie, remarquablement planifiée, tombait en lambeaux, et mon entourage semblait me pointer du doigt en me demandant : *Qu'est-ce que tu as fait là ?*

C'est à ce moment que j'ai appris la meilleure leçon que la vie peut nous enseigner : se remettre sur pied, se secouer, puis avancer malgré les coups durs de l'existence.

Au cours des sept dernières années, j'ai eu plusieurs fois l'occasion de mettre cette leçon en pratique. Et, chaque fois que j'ai eu des ennuis, j'ai essayé d'en apprendre quelque chose, et c'est ce que j'aimerais maintenant partager avec vous...

Trois parties composent cet ouvrage : Soyez vous-même ; Soyez heureux ; Soyez unique. Cela dit, il ne s'agit ni d'un guide d'apprentissage de la vie ni d'un manuel d'instruction. Il ne vous donnera pas toutes les réponses, mais il vous incitera à vous poser certaines questions susceptibles de vous révéler vos propres réponses. Si déjà il vous amène à réfléchir, il aura atteint l'objectif que je lui destinais. C'est tout ce que je demande.

SOYEZ VOUS-MÊME

Se distraire à tout prix

Ne vous êtes-vous jamais questionné sur le sens de la vie ? Sur ce que nous faisons ici ? Sur la finalité de tout cela ? Moi, je l'ai fait. Il faut dire que ces questions me fascinent depuis mon plus jeune âge. J'aime que les choses aient un sens et j'aime savoir où je vais ; je déteste quand on ne peut m'expliquer ce qui se passe. Il m'arrivait de demander à mes parents ce que je venais faire ici-bas et cela me mettait hors de moi quand ils me répondaient : « Tu peux faire tout ce que tu veux, à la condition d'être vraiment décidé. »

Réponse imparable, d'accord, mais qui ne m'éclairait en rien. Mes parents cherchaient-ils à m'embrouiller davantage ? Peut-être n'en savaient-ils rien eux-mêmes. Même les camarades de classe qui savaient déjà ce qu'ils feraient plus tard m'énervaient ! Comment pouvez-vous affirmer, à 12 ans, que vous serez médecin ? C'est ce que vous ont dit vos parents ? N'avez-vous jamais pensé à le leur demander ? Dites-moi la vérité, je veux savoir.

Mais, plus sérieusement, *Qui suis-je ?* et *Quel est le but de mon existence ?* sont des questions ÉNORMES. Nous ne pourrons sans doute jamais y répondre. D'après les critères de notre société, il faut d'abord passer 10 à 12 ans aux études — tâche numéro 1. Ensuite, nous devons trouver le rôle utile que nous jouerons dans le système économique et qui nous permettra de subvenir à nos besoins – tâche numéro 2. Si nous avons des aptitudes pour la tâche numéro 1, nous poursuivrons sans doute nos études de manière à nous faciliter la tâche numéro 2. Si nous accomplissons convenablement cette dernière tâche, nous disposerons de revenus supérieurs et, par conséquent, nous passerons à la tâche numéro 3: fonder une famille.

Si on s'en tient strictement à ces trois tâches principales, on peut en effet éviter de se poser les questions *Qui suis-je?* et *Quel est le but de mon existence?* pour se laisser emporter par les distractions de la vie quotidienne. Autrement dit, on travaille assidûment à l'école, on pratique des sports et on s'éveille à la sexualité. Dans la vie professionnelle, on travaille soixante heures par semaine afin de gravir les échelons, se positionner dans la société et accomplir son plan de carrière. Dès qu'arrivent le conjoint et les enfants, les occasions de divertissement se multiplient: soirées entre amis, sorties en famille, visites chez les parents et ainsi de suite.

Mais vient un moment, en cours de route, où la plupart des individus connaissent une crise existentielle. C'est alors qu'ils marquent une pause et se demandent: *Où cela mène-t-il?* En règle générale, un événement provoque ce déclic: chagrin d'amour, promotion qui nous passe sous le nez, découverte de sa stérilité, perte d'un proche, etc.

J'ai déjà dit que, pour ma part, plusieurs événements s'étaient accumulés, mais l'un d'eux fut particulièrement important, et je veux parler de la guerre du Golfe de 1991, ou guerre du Koweït. Imaginez cela: nous étions installés dans une luxueuse salle de conférence au 53e étage d'un immeuble doté d'immenses baies vitrées donnant sur le littoral, devant un écran géant qui transmettait en direct les images de la guerre en cours. En moins de temps qu'il n'en faut pour le dire, nous étions devenus des experts militaires, spéculant sur la durée du conflit, sur ses conséquences, et même sur les risques de voir les États-Unis s'embourber comme au Viêt-nam. Les gens tués dans cette guerre avaient-ils pour nous une quelconque importance? Bien sûr que non! Tout ce qui comptait, c'était de savoir si l'Irak allait ou non empêcher le Proche-Orient d'exporter son pétrole et porter ainsi préjudice au Japon, dont l'économie dépendait du pétrole. C'était un peu comme regarder un match de boxe télévisé dans un bar à la mode. «Je mise cent dollars sur le type au short bleu.»

De grosses sommes d'argent ont été gagnées et perdues pendant cette guerre. Nous, négociants de contrats à terme, nous nous délections de ce chaos et des bonnes occasions que nous offrait la situation. Ce fut à peu près à ce moment-là que la futilité de mon existence s'est mise à titiller ma conscience. Comment peut-on se réjouir de la guerre? Par quel processus en étais-je arrivé là? Il était temps de m'arrêter pour réfléchir à ce que j'étais devenu.

Compte tenu des bouleversements qui s'opèrent dans le monde, des crises semblables sont de plus en plus fréquentes.

Il y a 30 ans, quand un homme avait terminé sa scolarité, il disposait d'un vaste choix de carrières, mais il optait pour un emploi qu'il conserverait toute sa vie. Il travaillait quarante heures par semaine et son salaire lui permettait de faire vivre sa femme et d'élever plusieurs enfants. Il vivait ainsi, heureux, jusqu'à la fin de ses jours.

À cette même époque, une femme avait, elle aussi, la possibilité de faire des études, ou bien elle se mariait, veillait à l'éducation des enfants et jouait un rôle prépondérant dans la communauté.

Les questions majeures étaient : *Où achèterons-nous notre maison ?* – en général à mi-chemin entre la demeure des parents de l'homme et celle des parents de la femme – *Dans quelle école inscrirons-nous les enfants ? Où irons-nous passer les vacances ?* De plus, il était à cette époque impensable de soutenir un club de hockey autre que celui que votre père soutenait déjà.

De nos jours, par contre, rien ne garantit qu'on trouvera du travail à la fin de ses études. De plus, un individu occupera, en moyenne, sept emplois au cours de sa vie ; la semaine de quarante heures est devenue un mythe ; les familles vivant d'un seul revenu se font rares ; et de plus en plus de couples décident de ne pas avoir d'enfants. Sans parler de la surinformation, des gaz à effet de serre, de la mondialisation. Ouf ! On se sent découragé rien que d'y penser !

Alors, que faire ? L'évasion, voilà la solution, en apparence à tout le moins. Décompresser, prendre quelques verres après une journée de 12 heures, fumer un joint, gober un cachet d'ecstasy le samedi, sniffer de la cocaïne avant d'aller souper... Se lever le matin et repartir pour un tour... Vous ne vous sentez pas en forme? Prenez quelque chose pour aller mieux...

Tout plutôt que regarder en face l'infernale vacuité. Maintenir le bouchon enfoncé solidement. Empêcher le génie de sortir de la lampe. Demain, un jour nouveau resplendira, tout ira beaucoup mieux qu'aujourd'hui. Peut-être que tous les ennuis auront disparu. La vie n'est-elle pas censée être belle? Si tout n'est que mensonge, autant mourir tout de suite...

Prendre une pilule ? Pas question !

Supposons maintenant qu'il y ait une raison à tout cela, parce que, si tel n'est pas le cas, autant se jeter dans l'hédonisme. Adonnez-vous à tous les plaisirs, ingurgitez toutes les drogues possibles, vivez toutes les sensations fortes que vous pouvez supporter. Ensuite, devinez quoi ? Au bout du compte, vous devrez tout de même affronter la réalité, que vous le vouliez ou non.

Si vous lisez cet ouvrage, c'est sans doute que vous avez pris conscience qu'il n'existe aucun moyen de s'évader en permanence. Même le suicide vous ramène ici-bas, pour peu que vous croyiez en la réincarnation ! Alors, vous me suivez ?

D'après les préceptes du christianisme, nous sommes sur Terre pour réaliser la volonté de Dieu et, si nous sommes bons et justes, nous entrerons au Paradis éternel. Selon la perspective bouddhique, nous sommes ici pour atteindre l'illumination et nous affranchir de ce monde de souffrance. D'un point de vue métaphysique, nous devons tirer les leçons qui nous apprendront à grandir spirituellement de manière à quitter le monde matériel.

Ne trouvez-vous pas ces principes quelque peu similaires?

La solution? Prendre une décision. Ou bien la vie est vaine, et si c'est le cas, on peut bien se laisser mener par ses bas instincts et s'adonner aux plaisirs instantanés tout en subissant la douleur qui les accompagne; ou bien la vie a un sens et on arrête la spirale des évasions à la petite semaine, on prend conscience de la vacuité actuelle et on se met au travail afin de combler le vide. Si votre réalité n'est pas satisfaisante, alors il faut la modifier. Ne vous contentez pas de vous évader, car quand vous reviendrez à la réalité, et on y revient immanquablement, vous souffrirez constamment des mêmes problèmes.

Il est intéressant de constater que, lorsqu'on demande à des gens réunis s'ils croient avoir un objectif bien déterminé, 70% répondent par l'affirmative. Hélas, seules quelques personnes pourront dire précisément de quoi il s'agit...

Je sais, je sais, mais comment faire? De quelle manière allez-vous découvrir le projet qui sera le vôtre?

Permettez-moi d'abord une digression pour aborder la nature de l'existence. Quelques indices sont nécessaires quant aux questions à se poser pour découvrir son objectif. Si l'on décide que la vie a un but, il faut pratiquement admettre l'existence d'une «force supérieure» ou d'un «créateur». Je suis conscient qu'il s'agit d'une tautologie, mais s'il y a un but à l'existence, qui en a décidé ainsi? Si vous aviez décidé quel serait votre objectif avant même votre arrivée ici-bas, cela impliquerait trois choses:

1) l'existence de la réincarnation; 2) l'existence d'un «moi supérieur» qui connaissait déjà votre but; 3) l'existence d'une autre dimension. Par conséquent, la question qui se pose est: *Comment arriver à «communiquer» avec cette partie «supérieure» de soi-même?*

Si quelqu'un ou quelque chose a décidé pour vous de la direction de votre vie, il va sans dire qu'on voudrait vous le faire savoir. Sinon, à quoi bon? Demandons-nous de nouveau comment «communiquer» avec cette «entité supérieure».

Admettons, pour le moment, qu'il n'est pas question d'avoir une conversation téléphonique avec cette «entité» à propos de notre objectif et des éléments qui nous dirigeraient sur la bonne voie. Malgré cela, il doit pourtant bien exister des indices, non?

La logique, quant à elle, ne nous sera pas d'un grand secours. Partant de la logique, on peut choisir n'importe quel objectif; il suffit de le rendre rationnel. Si, par exemple, votre objectif était de souffrir? Ce choix serait pitoyable, à moins d'en tirer profit d'une manière ou d'une autre, et en ce cas, tout serait logique. L'ennui, avec la logique, c'est qu'elle est sous le contrôle du «moi inférieur». En d'autres termes, nous maîtrisons en tout temps la fonction rationnelle/logique, donc il n'y a pas de surprise. Toutes les réponses ne peuvent venir que de nous, et pourtant, nous ne savons rien...

Pour nous brancher sur le «moi supérieur», mieux vaut faire appel à autre chose que la logique. Quelque chose qui paraît ou qui sonne juste. Voilà où les émotions peuvent nous servir de guides et où la passion est toute-puissante.

Le monde que nous avons créé est solidement basé sur la pensée logique et rationnelle si chère à Aristote, Socrate et Platon. Pour un esprit rationnel, une chose existe ou n'existe pas, sans ambiguïté, et cela se reflète à travers les systèmes que nous avons instaurés. En toute logique, vous devez aller à l'école et obtenir de bonnes notes, aller à l'université et décrocher un bon diplôme, trouver un emploi où vous travaillerez dur et serez heureux.

Le seul problème est que le bonheur n'a rien à voir avec la logique.

Parmi les gens que vous connaissez, combien ont abandonné une carrière profitable afin de se consacrer à leur véritable passion pour la peinture, l'écriture ou le chant ? Et combien sont plus heureux depuis lors ?

À mon avis, il y a trop de vides dans le monde rationnel. La logique présuppose qu'on puisse créer le bonheur en mélangeant divers ingrédients. C'est avec cette même logique qu'on fabrique des pilules : en assemblant des éléments chimiques, l'ecstasy par exemple. Le bonheur, oui, mais pour si peu de temps.

Revenons donc à la question qui touche au projet de vie. Je présume que vous avez deviné qu'il n'est pas question ici de suivre un processus logique, étape par étape. Mais des indices surgissent le long du chemin, et le plus significatif nous révèle que *la passion désigne l'objectif.*

Cessez de bouger

On dit qu'il est possible de communiquer avec notre moi supérieur quand nous venons au monde, mais ce qui est sûr, c'est que la société s'empresse de réprimer le phénomène. « Sois conforme, sois l'un des nôtres, ne te différencie surtout pas », nous supplie-t-on. On nous apprend à marcher, à parler, à distinguer la justice de l'injustice, le bon du méchant, on nous impose ce à quoi il convient d'aspirer, ce que nous devrions désirer. Et on nous montre à consommer le plus tôt possible.

Un monde basé sur l'assouvissement des désirs peut nous fournir des buts à court terme, mais il est dépourvu de sens. Nous croyons être libres, nous sommes pourtant esclaves de la consommation. Même les moyens de se battre pour survivre ont été retirés à l'individu pour être solidement intégrés au système économique. En effet, quand on est uniquement préoccupé de sa survie, on n'a pas le temps de chercher à comprendre.

Le premier pas vers la liberté consiste à arracher les œillères mises en place par le lavage de cerveau qui crée cette vision figée du monde. Ensuite, nous pouvons découvrir notre moi réel. Je dois ou je ne dois pas, je peux ou je ne peux pas, j'agis ou je n'agis pas, c'est bien ou mal, vrai ou faux – assez!

Nous sommes, pour la plupart, si bien conditionnés que nous réagissons avant même d'y penser. Pour mener une vie qui a du sens, il faut jouir de la liberté ; la liberté de décider de ses actes dans toute situation. Pas seulement réagir sans jamais réfléchir. On nous répète depuis toujours que le monde fonctionne comme ça et pas autrement. Si bien que nous essayons de vivre conformément à cette définition, avec l'intime conviction que quelqu'un, quelque part, sait vraiment de quoi il retourne.

Foutaise !

La vie est un mystère. On ne devrait jamais cesser de poser des questions ; mais on ne devrait pas toujours s'attendre à recevoir des réponses. Quiconque vous affirme le contraire se met le doigt dans l'œil jusqu'au coude !

Bien, revenons au sens de la vie.

Adoptez d'abord un état d'esprit dans lequel vous n'êtes pas disposé à réagir inconsciemment. Cessez de bouger.

Imaginez votre esprit comme un verre rempli d'eau boueuse qu'un singe transporte en se balançant de branche en branche dans la jungle. (Une image plutôt bizarre !) Au moment où la boue commence à se déposer au fond du verre, le singe aperçoit quelque chose dans l'arbre voisin et s'y précipite, remuant la boue par la même occasion. Saisissez-vous le rapport ?

Voyons les choses autrement : vous considérez que votre emploi ne vous satisfait pas, alors vous vous assoyez pour réfléchir à la manière d'améliorer la situation. Vous êtes profondément absorbé dans vos pensées quand le téléphone sonne. Il s'agit d'un ami qui vous raconte une aventure arrivée à une fille dont vous étiez épris à une certaine époque. Avant d'en avoir pris conscience, vous vous retrouvez dans votre auto et filez chez votre ami pour mettre au point un plan.

Nous devons forcer le singe à cesser de bouger un moment afin de laisser la boue retomber au fond du verre et permettre à l'eau de se clarifier. À ce stade, il convient de se concentrer sur une seule question, puisqu'il s'agit d'une approche par la méditation.

Quand j'ai appris à méditer, j'en ai parlé à ma mère, qui a aussitôt été terrifiée, croyant que j'allais m'engager dans un culte hippie invraisemblable. Encore aujourd'hui, quand je parle de méditation, beaucoup de gens réagissent de façon étrange. Peut-être y voient-ils un rite païen ou quelque chose d'approchant. Dans tous les cas, cette réaction résulte en général de la peur.

Bien qu'il existe de nombreuses pratiques de méditation plus ou moins bizarres, la méditation en elle-même n'a rien d'extraordinaire. Le dictionnaire la définit comme une « attitude qui consiste à s'absorber dans une réflexion profonde ». Des moines chrétiens s'y adonnent depuis des siècles, ainsi que des bouddhistes, des musulmans, et même des athlètes de haut niveau. Des athlètes de haut niveau ? Mais oui. Nadia Comaneci, la gymnaste roumaine, a étonné le monde entier par ses notes parfaites aux Jeux olympiques de Montréal en 1976. Quand on lui a demandé comment elle avait pu réussir un tel exploit, elle a répondu : « Mon esprit s'applique toujours à faire les choses comme il se doit. » Cela me semble très proche de la méditation.

Allons-y pour la méditation : en se concentrant sur une seule chose à la fois, le singe cessera de sauter en tous sens. J'ai découvert que le meilleur moyen pour méditer, c'est de trouver un endroit tranquille à l'abri des distractions, où l'on ne sera pas dérangé. En général, mieux vaut s'installer à l'intérieur, où l'énergie sera plus calme et moins dispersée qu'à l'extérieur.

Asseyez-vous calmement, le dos droit et les jambes croisées. Rassurez-vous, il n'est pas question de torture. Quand on s'assoit le dos bien droit, on aligne tous les points d'énergie (ou chakras) de la colonne vertébrale. Selon le yin et le yang, nous formons le pont qui relie le ciel à la terre, et le *chi* (ou force vitale) se déverse en nous par le sommet de la tête, descend dans tout le corps et ressort pour s'épancher dans la terre.

Une fois confortablement installé, concentrez-vous sur un seul objet. Ce peut être un mantra que vous répétez sans cesse, une image sur laquelle vous vous focalisez, ou autre chose, votre respiration par exemple. Personnellement, je préfère la respiration, parce qu'il s'agit d'un acte involontaire. En se concentrant sur sa respiration, on établit un lien entre le corps et l'esprit. Un petit truc : portez toute votre attention à l'action de l'air qui effleure la lèvre supérieure au moment de l'inspiration, puis de l'expiration. Au début, vous devrez respirer plus profondément ou humecter la lèvre supérieure pour sentir l'air, mais par la suite, votre esprit plus affûté facilitera l'exercice.

Cela dit, ne perdez pas de vue que le but de l'exercice est d'essayer de stabiliser votre esprit afin d'entrer en contact avec votre vraie nature. Visualisez la boue qui se dépose lentement au fond du verre et amenez doucement votre esprit à se concentrer sur l'effleurement de la respiration. Vous constaterez que l'attention se relâche, sans doute au bout de plusieurs pensées vagabondes.

Vous commencez à méditer et, tout à coup, vous vous demandez ce que vous allez préparer pour souper. Puis vous vous rendez compte que vous n'avez pas mangé chez vos parents depuis longtemps. Vous vous souvenez de la dernière fois où vous avez dîné avec eux, ce qui vous rappelle l'excellent dessert. De fil en aiguille, vous vous souvenez que vous aviez l'intention d'en demander la recette à votre mère. Soudain, la pensée que vous deviez méditer vous revient à l'esprit et vous vous en voulez de votre inaptitude à vous concentrer sur une seule chose pendant cinq minutes. Une voix intérieure vous dit : « C'est trop difficile, et puis la méditation c'est bon pour les hippies drogués, et de toute façon, ils doivent tricher. Pourquoi ne pas laisser tomber tout ça et aller prendre un verre avec des amis ? »

Le truc, c'est la douceur ! Votre esprit a été longtemps autorisé à faire ce qu'il voulait, le singe a eu tout le loisir d'explorer à sa guise. C'est lui qui vous faisait tourner en rond, et non pas l'inverse. Vous ne pouvez changer ce genre de situation du jour au lendemain, et le fait de vous mettre en colère contre vous-même rendra les choses encore plus difficiles.

L'humour et la douceur sont des maîtres beaucoup plus bienveillants. Et sachez que chacun peut méditer ; il suffit de se donner un peu de temps pour y arriver. Quand vous constatez que votre esprit se met à vagabonder, moquez-vous gentiment de vous-même et recommencez doucement à vous concentrer sur votre respiration. Au bout d'un certain temps, vous réussirez à maintenir votre concentration sur des périodes de plus en plus longues. Ce que vous découvrirez aussi, c'est que la boue se déposera plus rapidement au fond du verre et que votre esprit s'éclaircira davantage.

C'est la première étape, sans doute l'une des plus difficiles, en vue de trouver un sens à votre vie. Pour découvrir un certain espace et la clarté.

Il n'est pas indispensable de s'asseoir pour méditer. On peut s'y adonner en marchant, en courant, en faisant du vélo ou toutes sortes d'activités. Souvenez-vous que le but de la méditation est de parvenir au calme et à la concentration d'esprit. Vous pouvez même le faire en faisant votre promenade quotidienne. Plutôt que laisser votre esprit vagabonder sans but, concentrez votre regard sur un point devant vos pieds (prenez garde de ne pas foncer sur un poteau !) et visualisez la boue qui se dépose au fond du verre. Ou, quand vous courez, concentrez-vous sur votre respiration (mais attention au poteau !).

Plus vous méditerez, plus vous trouverez en vous un espace de tranquillité. Dans cet espace, vous pourrez envisager votre vie à l'écart des caquetages de la société. Vous êtes enfin dans l'espace qui vous permettra de découvrir ce qui vous passionne.

Découvrir sa passion

Quoi que vous décidiez d'accomplir dans la vie, faites-le avec passion. Ne vous laissez pas intimider par la concurrence, car le succès est plus savoureux et l'échec moins amer quand vous vous êtes entièrement donné. Vous devez rester honnête envers vous-même ; il s'agit de votre vie. Vous êtes maître de votre destin et c'est la passion, non pas vos titres, qui, au bout du compte, remportera la victoire.

— Jon Bon Jovi,
Cercle des rhéteurs d'Oxford, 2001

Non, je ne parle pas de passion sexuelle, bien que cela aussi soit agréable ! Il est ici question de découvrir ce qui suscite dans votre vie une forte émotion. La passion donne un bon indice de l'objectif recherché parce qu'elle est totalement irrationnelle. Je connais des gens qui se passionnent pour les timbres, les arbres, les insectes, les abeilles, les bateaux, les ours... la liste est infinie. Comme vous l'avez sûrement deviné, ma passion à moi, c'est la signification de l'existence.

La passion est grandiose, en ce sens qu'elle brise la compréhension linéaire de l'existence, avec laquelle notre société essaie d'endoctriner tout le monde. On nous répète depuis toujours que nous devons agir comme ceci ou comme cela. On nous impose des tâches, puis on nous évalue, on nous juge en fonction de notre degré de réussite. Dans quelle case vous situez-vous? Bon, mauvais ou médiocre?

Là où l'esprit ne travaille pas en harmonie avec la main, il ne saurait être question d'art.
— Léonard de Vinci

Dans un monde où chaque individu doit appartenir à une catégorie, la vie devient parfaitement linéaire ou unidirectionnelle. Il n'est pas facile d'être simplement soi-même quand on vous demande constamment ce que vous faites. La passion brise ce processus parce que, quand vous êtes absorbé par ce qui vous passionne, vous vous sentez heureux, tout simplement. Il est agréable, bien sûr, d'être récompensé ou louangé pour quelque chose qui nous passionne, mais ce n'est pas la fin du monde si nous n'en tirons aucune gloire. Ce qui devrait nous suffire, c'est de vivre en accord avec ce qui nous passionne.

Prenons mon cas personnel. J'aime réfléchir à toutes ces questions, puis mettre le résultat par écrit: quelque chose au plus profond de moi m'incite à le faire. J'essaie sans relâche de donner un sens au monde, de sorte que je suis heureux de me livrer à cette recherche, sans rien attendre en échange. Cet acte suffit à m'absorber complètement. Toutefois, cela peut affoler certaines personnes. Ma mère, par exemple, était si excédée de m'entendre sans cesse demander «pourquoi?», quand j'étais jeune, qu'elle a fini par m'acheter une encyclopédie.

Ou alors, prenons la sculpture. Je connais des gens qui s'adonnent à cet art sans jamais vendre leurs œuvres, mais ils adorent se livrer à leur passion. Ou considérons le chercheur qui, pendant des années, essaie en vain de trouver le remède au cancer. C'est la passion qui motive ces gens. Ils peuvent nous sembler fous, mais ils sont aussi heureux que possible.

Quand, grâce au calme, vous avez trouvé un peu de paix intérieure, demandez-vous ce qui vous passionne vraiment. Bien sûr, vous vous laisserez sans doute distraire par toutes sortes de choses qui vous semblent amusantes. Par exemple, j'aime écouter de la musique, mais ce n'est pas chez moi une passion. Je deviendrais fou si je devais écouter de la musique tous les jours pendant des heures. J'aime aussi faire de la plongée, mais ce sport ne me passionne pas au point de devenir ma mission dans la vie. En fait, il s'agit d'établir la liste de tout ce qui vous passionne, puis de l'étudier en profondeur. Distinguez les simples divertissements des véritables passions. Et rappelez-vous qu'à partir de maintenant, vous sortez de la case qu'on vous avait attribuée, vous ne tenez plus compte de la vision figée du monde qu'on a voulu vous inculquer. Personne ne nous dit que nous devrions vivre en fonction de nos passions. On nous dit plutôt des choses comme « la vie est un dur labeur », ou « il faut réussir dans la vie ». Ne soyez donc pas surpris si l'on vous traite de fou quand vous déclarerez que vous avez décidé de devenir entomologiste...

N'oubliez jamais de vous traiter en douceur : vous aurez peut-être besoin de temps.

NOTES

Ce qui me passionne...

L'échec n'est pas une option

Nos doutes sont des traîtres qui nous
font souvent perdre, par crainte d'entreprendre,
la bataille que nous pourrions gagner.
— Shakespeare, *Mesure pour Mesure*

Et si vous ne réussissiez pas ce que vous entreprendrez ? Nous sommes nombreux à ne pas agir par peur de l'échec, mais, pour que la « force vitale » s'écoule en vous, votre peur ne doit pas lui faire obstacle. Car la peur, cette sensation de ne plus pouvoir respirer au moment de relever un défi fondamental, vous paralyse. Pour l'enrayer, demandez-vous ce que vous feriez si vous étiez sûr de ne pas échouer. Question primordiale à se poser quand on cherche son objectif et qu'on doit prendre des décisions importantes.

NOTES

Si j'étais certain de ne pas échouer, voilà ce que je ferais:

Aveuglé par Mammon ?

Nous vivons dans un monde dominé par le désir des biens matériels qui, en général, ne peut être satisfait que grâce à l'argent, de sorte que nous sommes aveuglés par Mammon. La course à l'argent peut vous conduire dans une chasse grisante, mais sachez qu'il y a beaucoup de gens et d'institutions qui voudront vous mettre le grappin dessus.

Bien que notre société soit censément fondée sur des idéaux de liberté et d'égalité, on a instauré un système qui s'applique à nous priver de notre liberté à chaque tournant. J'ai déjà dit que l'État nous avait retiré la possibilité de vivre par nos propres moyens. Par exemple, vous ne pouvez pas décider du jour au lendemain de vous retirer de la société pour vous débrouiller par vous-même. Partez dans les montagnes avec un arc et des flèches, et l'on ne tardera guère à se lancer à vos trousses pour vous ramener de force dans le monde. « Suivez-nous, diront-ils. Nous vous ramenons à la maison, et si vous n'avez nulle part où aller, nous nous occuperons de vous. » Au lieu du noble chasseur subvenant à ses besoins en terre sauvage, vous ne serez plus qu'un pauvre bougre qui fait la queue aux portes des associations caritatives.

Mais je m'égare ; reprenons nos histoires d'argent. Dès que vous arrivez sur le marché du travail, des individus et des institutions de toutes sortes veulent vous prêter de l'argent pour que vous achetiez ce qui vous fait envie. Automobile, chaîne stéréo, vêtements, bicyclette, etc. Bref, les biens que vous vous procurerez à crédit clameront au monde que vous êtes un membre estimé et respectable de la société. L'objectif de ces institutions est de ne vous prêter que ce que vous serez en mesure de rembourser, sans vous mettre sur la paille. Ces gens travaillent en bonne intelligence avec les fabricants et les annonceurs. Achetez cette auto pour devenir une légende, ces vêtements pour être à la mode — vous n'avez pas le choix, de grandes stars portent les mêmes !

Vous avez les mains liées avant de vous en être aperçu. Avant même d'avoir réfléchi à ce que vous vouliez vraiment faire, vous avez abandonné vos études, décroché un emploi, et vous êtes si endetté que vous ne pouvez même pas envisager de démissionner. Alors, vous vous résignez. Mais pas la peine de paniquer, vous pouvez vous plaindre de l'injustice de l'existence à une foule de gens, en prenant quelques verres, bien sûr ! Je sais, vous aimeriez faire quelque chose qui vous passionne vraiment, mais il faut d'abord liquider ces satanées cartes de crédit.

C'est là où vous vous trompez : ça ne fonctionne pas comme ça. N'attendez jamais que les choses se produisent, mais agissez. Découvrez dès aujourd'hui ce qui vous passionne, puis commencez à travailler en ce sens. N'attendez pas d'être libéré de vos dettes ou autres engagements avant de vous y mettre. Tant que vous n'avez pas de projet bien défini, vous en êtes encore à réagir. Voyons comment les choses se passent. Vous travaillez avec l'intention de rester positif, mais les ennuis s'accumulent, et au bout de la journée, vous vous sentez mal. Sur le chemin du retour, vous apercevez de jolis vêtements dans une vitrine et vous ne résistez pas à la tentation. Arrivé chez vous, le vêtement vous plaît beaucoup, mais vous vous en voulez d'avoir dépensé autant, alors vous sortez avec des amis, buvez quelques verres et pleurez sur l'injustice de la vie. Le lendemain matin, vous avez du mal à vous lever à cause de la gueule de bois, et c'est reparti pour un tour. Ce scénario vous paraît-il familier ?

Ne recommencez plus ! Si vous manquez de certitude, posez-vous la question suivante : *Si je gagnais un million de dollars, continuerais-je à faire la même chose ou quitterais-je mon emploi ?*

Si vous quitteriez votre emploi aussi sec, qu'est-ce qui vous retient de le faire maintenant ? Mammon ? L'argent devrait être à votre service, pas l'inverse.

Trouvez-vous un projet et consacrez-vous-y pour vous sortir de la situation actuelle. Vous avez besoin de ce projet pour vous soutenir dans les moments difficiles et pour vous aider à résister à cette robe neuve, à cette nouvelle auto, à la montre à la mode ou au téléphone de dernière génération. Par-dessus tout, ne vous laissez pas gruger jusqu'à la moelle. Ne vous laissez pas gouverner par l'argent.

Acceptez la mort

Ce n'est rien de mourir; c'est affreux de ne pas vivre.
— VICTOR HUGO, *Les Misérables*

Il existe une nation amérindienne qui croit que la mort nous accompagne absolument partout. Elle se tiendrait juste derrière notre épaule gauche et on pourrait même l'apercevoir en tournant la tête brusquement. Notre mort nous accompagne en attendant son heure. De temps à autre, si elle le juge à propos, elle nous tapote l'épaule pour nous rappeler sa présence.

Une telle chose est récemment arrivée à une de mes amies. Après ses études, elle fut heureuse de trouver un travail banal et de pouvoir faire la fête avec ses amis le plus souvent possible. Son comportement ne semblait pas enthousiasmer la mort outre mesure, puis un jour, après une visite chez le médecin, elle avala un cachet d'antibiotiques et eut un choc anaphylactique: alors qu'elle rentrait chez elle en auto, sa gorge se mit à enfler au point de l'empêcher de respirer. Elle stoppa la voiture avant de perdre connaissance. Heureusement, quelqu'un s'arrêta et la conduisit à l'hôpital où on la ranima *in extremis.* Quel effet cet incident produisit-il sur elle ? Elle comprit combien il est facile de mourir. Elle avait toujours cru qu'avant de mourir il y aurait une espèce d'avertissement, ou qu'on pouvait s'y préparer. Comme dans les films quand le médecin entre dans la chambre du patient et lui annonce : « La situation ne se présente pas très bien. Il ne vous reste que six mois à vivre. » Mais on ne pouvait pas mourir tout bêtement, comme ça, sans avertissement, sans sirène ni gyrophares, rien...

En Occident, les gens aiment à se croire immortels. Nous vivons comme si nous disposions d'assez de temps pour accomplir tout ce que nous voulons. Mais soudain, nous sommes vieux, à l'article de la mort, et nous nous demandons ce qui aurait pu être différent, quelle autre tournure aurait pu prendre notre vie. Sauf qu'à ce moment-là, il est trop tard...

Quel est le propos ? Eh bien, ce n'est pas sans raison que la mort nous suit partout. En fait, elle est notre meilleure conseillère. Nul n'est plus puissant que celui qui est préparé à vivre chaque instant qui passe, en acceptant sans réserve qu'il s'agit peut-être de sa dernière heure.

Si vous vous sentez perdu et que vous êtes à la recherche d'un projet, la mort peut vous aider. Cela vous semble bizarre ? Considérons les choses ensemble. Pour la plupart, nous vivons à l'envers. Nous regardons vers l'avenir, persuadés que nous aurons le temps d'accomplir ce qui nous tient à cœur. Et tout à coup, la mort est là, devant nous, et il faut mettre les bouchées doubles pour achever ce que nous avons commencé.

Essayez de voir les choses différemment. Imaginez-vous sur votre lit de mort. Qui se trouve près de vous? Qui est absent? Que disent de vous les gens? Maintenant, composez votre panégyrique. Vous trouvez cela étrange? Vous ne savez pas comment faire? Débrouillez-vous pour assister à des funérailles et écoutez les panégyriques. Je sais que cela semble macabre, mais s'il était si simple de déterminer un projet de vie, on vous aurait remis à la naissance un manuel d'instructions qui dirait: «À 19 ans, vous rencontrerez une charmante fille appelée Maude. Vous serez attiré par elle, mais n'en tombez surtout pas amoureux: elle vous lâcherait pour le capitaine de l'équipe de football! Sortez plutôt avec Justine, elle est beaucoup plus sentimentale.» Oui, bon, la vie serait plutôt assommante, et toute spontanéité serait réduite à néant. Revenons plutôt à la mort. Acceptez-la, c'est votre alliée et votre plus précieuse conseillère. Elle vous aidera à vous retrouver parmi tous les domaines qui vous passionnent.

Et qu'est-il advenu de mon amie qui a failli mourir? Elle a laissé son emploi pour se consacrer à sa vraie passion. Elle est à présent monitrice de plongée sous-marine et son projet est des plus clairs malgré son jeune âge. A-t-elle peur de la mort? Non, car elle vit désormais son projet, et la joie se manifeste dans tout ce qu'elle entreprend.

Ainsi, n'attendez pas d'être sur le point de mourir pour commencer à vivre. Acceptez la mort, puis choisissez de vivre consciemment.

NOTES

Mon panégyrique :

Quel sera votre guide ?

Une morale personnifiée, tel est leur destin.

— Héraclite

Combien valez-vous ? Peut-on vous acheter ? Si oui, le prix est-il bas ou élevé ?

Au cinéma, nous admirons les héros qui sont prêts à défendre leurs principes au péril de leur vie, qui endurent les supplices plutôt que de trahir leurs secrets. Bel idéal. Mais vous, comment vous comporteriez-vous en pareil cas ? Quel est votre seuil de la douleur, la limite au-delà de laquelle vous trahiriez pour sauver votre peau ? À l'heure actuelle, on voit dans plusieurs émissions de télévision des tas de gens qui, pour un peu d'argent, sont prêts à trahir père et mère. Prenons, par exemple, l'émission de téléréalité *Survivor.* Quand les concurrents sont réunis, ils sont aimables, mais dès que l'un d'entre eux est isolé, il dit des choses comme : « Je sais qu'il n'est pas bien de leur mentir, mais il y a un million de dollars en jeu... »

Euh, trop facile...

Nous avons besoin de principes et de valeurs pour nous guider dans la vie, sinon nous ressemblons à ces feuilles que le vent d'automne disperse.

Les principes et les valeurs nous maintiennent sur la bonne voie et nous fournissent l'occasion d'instaurer la confiance. Pas seulement la confiance à l'égard des autres, mais, plus important encore, la confiance en soi. Si on se connaît soi-même et si on connaît ses convictions, on a la possibilité d'approfondir ses rapports avec les autres et d'avancer vers la vérité.

Si nous ne connaissons pas nos convictions, nous adhérerons à n'importe quelle opinion. La vérité requiert du courage, celui de défendre ses convictions. Pas forcément par la confrontation, mais fermement. Un peu comme un chêne dont les rameaux se balancent doucement au gré du vent, mais qui est profondément enraciné dans le sol.

Si nos convictions sont claires, nous disposons d'une base solide à partir de laquelle nous pourrons explorer les idées d'autrui et les valeurs d'autres cultures. Dès lors, il devient possible de développer des amitiés durables et stimulantes, fondées sur la vérité et la confiance. L'intégrité qui relie nos valeurs à nos actes nous confère une force de caractère qui apparaît d'évidence à tous ceux que nous côtoyons. Quant au manque d'intégrité, il est tout aussi évident.

Comment vous y prendre ? Comment allez-vous déterminer les valeurs et les principes qui, pour vous, seront les plus importants ?

Commencez par dresser une liste. Pensez à toutes les personnes réelles ou fictives que vous admirez, puis notez les raisons de cette admiration. Par exemple, j'admire Martin Luther King parce qu'il a défendu l'égalité raciale à une époque où il était extrêmement dangereux de le faire. Le personnage de Maximus, dans le film *Gladiateur,* est admirable à mes yeux, car il se bat pour la justice. Quant au boxeur Muhammad Ali, il a renoncé à son titre de champion du monde pour choisir sa foi religieuse.

Quand vous aurez fait votre liste, déterminez les valeurs ou les principes défendus par ces gens. Il convient ici de distinguer deux acceptions du mot «valeur». Il y a les «valeurs intrinsèques», concepts dont la valeur est inhérente, par exemple la liberté, la justice, l'honnêteté et l'égalité. Quant aux «valeurs accessoires», elles procèdent d'une action. La productivité, par exemple, n'a pas de valeur en soi, mais elle en a à travers les actions que nous faisons et qui nous permettent de réussir.

L'autre point à noter à propos des valeurs est qu'on ne peut les percevoir en elles-mêmes: nous ne voyons que les actions auxquelles elles se rapportent. Si, par exemple, vous me croyez honnête, ce n'est pas parce que je porte le mot *honnête* sur le front. C'est plutôt parce que vous avez observé mon comportement pendant un certain temps et que vous en avez conclu que j'agis honnêtement. Vues sous cet angle, les valeurs sont un peu comme les icebergs: l'essentiel est immergé.

NOTES

Les gens que j'admire sont...

Pourquoi ?

Mes valeurs et principes-clés :

C'est bien beau de parler

Vous disposez donc d'une liste de valeurs auxquelles vous aspirez, mais vous devez maintenant établir si oui ou non vous avez vécu conformément à celles-ci, et si vos actes reflètent vos paroles.

Un moyen d'y parvenir est de vous remémorer des moments critiques de votre vie où vos valeurs ont été mises à l'épreuve. Les moments critiques sont ceux où vous vous retrouvez face à une situation difficile. En général, il s'agit de prendre position et de choisir entre le bien et le bien. Entre «le bien et le bien»? Mais oui. Choisir «le bien contre le mal» est facile, mais les pires dilemmes surviennent quand il faut opter pour «le bien contre le bien».

Pareilles circonstances nous placent à un croisement sur le chemin de la vie. Nous devons non seulement choisir les valeurs que nous défendons, mais aussi démontrer par nos actes à quel point nous y sommes attachés. Nos actions révèlent notre nature, car la nature est action. Le choix que vous ferez dans ces circonstances façonnera votre vie et influera sur votre perception de vous-même.

Prenons le cas du jeune André Charette. Il se retrouve à l'âge de 12 ans dans une classe de mathématiques très ennuyeuse. Nouveau venu à l'école, il est assis au fond de la classe, prêt à se faire des amis. Mathieu Fréchette est un garçon turbulent aux joues rondes et André sait qu'il est le chef des méchants garnements. Soudain, Mathieu lance un avion en papier vers l'enseignant qui écrit au tableau. Le nez de l'avion frappe M. Plamondon sur la nuque avec un fort claquement. Ce dernier se retourne brusquement et demande: «Qui a lancé cela?» Silence. «J'ai demandé, qui a lancé cela?» Toujours le silence. «Si le coupable n'avoue pas immédiatement, dit M. Plamondon, vous aurez tous droit à une retenue et à un commentaire sur votre bulletin!» Alors que M. Plamondon scrute la classe, André se tortille sur sa chaise, essayant désespérément d'éviter le regard du professeur.

Trop tard.

«Monsieur Charette, vous êtes assis à un endroit stratégique. Vous avez dû voir qui a lancé cet avion, non?»

André lève les yeux, toute la classe l'observe. Mathieu Fréchette lui jette un regard lourd de menaces.

«Monsieur Charette, dit M. Plamondon, je présume que si vous ne dites rien, c'est parce que vous êtes le coupable. Je devrai rapporter l'incident au directeur et demander une exclusion temporaire. Eh bien, cela ne me semble pas une façon très élégante d'entrer dans une nouvelle école, n'est-ce pas?»

Que devrait faire André? Il aurait raison de dire la vérité, sauf qu'il serait ensuite ostracisé par le reste de la classe. Mais il aurait également raison de soutenir Mathieu Fréchette par esprit de corps.

Et vous, que feriez-vous ? Selon votre choix, quelle orientation prendra votre vie ? Quel prix devriez-vous être prêt à payer pour défendre certaines valeurs ? Jusqu'où devez-vous aller ?

Imaginons maintenant que vous prenez un verre dans un bar et que vous voyez entrer votre meilleure amie en compagnie d'un homme qui n'est pas son amoureux. Elle vous aperçoit et semble embarrassée. Vous l'entraînez à l'écart et lui demandez ce qui se passe. Elle vous répond qu'il ne se passe rien, mais vous supplie de ne rien dire à son amoureux. Le lendemain, ce dernier vous appelle et vous propose d'aller prendre un café quelque part. Une fois le café servi, il vous annonce qu'il doute de la fidélité de votre meilleure amie et vous demande si vous savez quelque chose. Plus compliqué encore, vous avez le béguin pour lui, mais n'avez jamais cherché à le lui faire comprendre par respect pour votre amie.

Quelle conduite adopterez-vous ?

Supposons que vous restez loyale envers votre amie et que vous ne dites rien. Une semaine plus tard, l'amoureux furieux découvre le pot aux roses. Vous allez le voir pour le consoler, espérant secrètement qu'il finira par s'intéresser à vous, mais il vous reçoit mal et vous traite de traître. Un de ses amis a vu son amoureuse au bar avec un autre homme, et il vous a vue, vous aussi. Tout est perdu : vous n'avez plus aucune chance avec lui et, en outre, il ira raconter que votre meilleure amie est une coureuse et vous, une traître. Votre loyauté envers votre amie vous a coûté cher et cet épisode aura désormais une incidence sur le reste de votre vie. Cela en valait-il la peine ?

Le fait est que la véritable portée d'un événement ne nous apparaît jamais clairement au moment où il se produit. Ce n'est qu'avec le recul qu'on saisit pleinement s'il avait de l'importance ou non. Je pourrais à présent vous révéler qu'André Charette n'a pas dit à l'enseignant qui avait lancé l'avion en papier, et que lui et Mathieu sont maintenant les meilleurs amis du monde, bien que pour le moment ils partagent une cellule dans la prison de Wentworth. Ou je pourrais vous dire qu'il a dénoncé le coupable et qu'il est maintenant enquêteur pour le fisc. Dans un cas comme dans l'autre, vous direz: « Je le savais. »

Vous saisissez ? On ne sait jamais rien d'avance, on ne peut prévoir l'avenir et on ne peut revenir en arrière ; tout ce qui nous est accessible se passe ici et maintenant. La seule possibilité est de choisir des valeurs et des principes-clés et les laisser nous guider, de manière à ne pas avoir honte quand on se regarde dans le miroir. Si on se contente d'improviser, il devient de plus en plus difficile de conserver une orientation cohérente, et, finalement, on perd le fil.

Ce que je veux dire, c'est que vous devez prendre le temps de réfléchir à ce qui est bon pour vous. Si vous ne le faites pas, le premier venu prendra l'initiative et vous égarera. Je ne prétends pas non plus qu'il vous faille devenir gardien de la morale. Regardons les choses en face, le *Notre Père* ne dit pas « Pardonnez-nous nos péchés » parce que cela tombe juste dans le texte. S'il le dit, c'est parce que chaque jour nous commettons des erreurs et que nous devons nous pardonner les uns les autres. Et, plus important, il faut se pardonner à soi-même. Cela dit, le concept du karma s'accorde très bien avec celui des valeurs. Ce dont on peut être certain, c'est que si on passe son temps à juger tout le monde en insistant sur leurs défauts, on doit s'attendre à être jugé sévèrement à son tour. Soyez gentil, c'est tout.

À défaut d'agir en accord avec ses convictions, on s'expose à faire surgir en soi un sentiment de colère. Il faut du courage pour agir et le courage naît essentiellement de la force de nos convictions.

Prenons le cas d'un groupe d'employés qui font la pause-café. Deux femmes critiquent vertement une jeune fille qui vient d'être engagée. Vous les écoutez et vous vous dites qu'elles sont particulièrement méchantes, que quelqu'un devrait les rabrouer. Leurs accusations vous touchent d'autant plus que c'est vous qui avez formé la jeune fille et que, même si cette dernière est un peu empotée, elle s'efforce de faire de son mieux. Soudain, la jeune fille en question entre dans la pièce ; elle a tout entendu. Elle vous regarde, les yeux baignés de larmes, puis tourne les talons et s'en va. Vous vous empressez de la suivre pour la réconforter, mais elle refuse de vous écouter : elle croyait que vous prendriez sa défense, et maintenant, elle se sent trahie. Plus tard, en rentrant chez vous, vous vous regardez dans le miroir et vous vous dites que vous auriez dû intervenir.

Saisissez-vous l'idée d'ensemble ?

Déterminez vos valeurs et vos principes. Ensuite, examinez HONNÊTEMENT comment vous vous êtes comporté jusqu'à présent et regardez la réalité en face. Ou bien vous avez raconté des histoires, ou bien vous avez vraiment vécu en accord avec ce que vous prônez. Si vous constatez un écart considérable entre la personne que vous êtes et celle que vous croyez être, inutile de vous flageller! Reconnaissez simplement que vous avez encore du pain sur la planche et rappelez-vous les leçons apprises au fil du temps.

La vision d'excellence

Bien, revoyons les divers éléments, car, jusqu'à présent, cela semble assez simple...

D'abord, arrêtez-vous un moment. La vie moderne bouge à un tel rythme qu'il faut faire une interruption pour changer de direction. S'agiter dans tous les sens, se précipiter çà et là, se rendre au travail le matin, en sortir le soir, vérifier ceci, approuver cela... ARRÊTEZ ! Prenez une profonde respiration et faites le point. Il y a quelques années, je suis parti en voyage avec un ami. Sac au dos, nous voulions faire le tour du monde, mais nous disposions d'un temps limité et voulions en voir le plus possible. Après quatre semaines d'un parcours au pas de charge, nous avions déjà traversé sept ou huit pays. Nous étions alors au Louvre devant *La Joconde.* Nous contemplions Monna Lisa quand mon ami a dit : « Je pensais le tableau plus grand. » « Moi aussi, répondis-je avec indifférence. Quelle est la prochaine étape ? »

Notre périple trop rapide nous avait plongés dans un état d'hébétude comparable à l'engourdissement provoqué par la routine de l'existence. Alors, oui, arrêtez-vous un moment, interrompez le train-train quotidien, faites le point, laissez la boue se décanter au fond de votre esprit.

Vient ensuite la passion. Établissez la liste des choses qui vous passionnent et vous disposerez d'un éventail de possibilités qui vous stimuleront. Pour le moment, oubliez la peur, car elle ne peut que vous perturber.

Enfin, la mort, point fondamental à partir duquel vous allez vivre à rebours. Après avoir rédigé votre panégyrique, installez-vous dans un endroit paisible et visualisez ce qui, pour vous, serait la vie idéale. Qui est présent dans cette vision? Comment les gens vous traitent-ils? Où vivez-vous? À quoi ressemble votre milieu? Qu'est-ce que vous possédez? Quelle est votre activité? Elle sera vraisemblablement en rapport avec ce qui vous passionne. On raconte que l'entraîneur d'une équipe de football s'était assis à une table quand il était encore tout jeune homme et qu'il avait établi la liste de tout ce qu'il voulait accomplir avant de mourir. Sa liste comportait 107 points et, à l'âge de 65 ans, il en avait réalisé 91. Essayez, vous aussi; les résultats pourraient vous surprendre.

Quoi qu'il en soit, vous devez d'abord vous représenter un avenir d'excellence qu'il est possible de percevoir avec tous les sens. Certains athlètes de haut niveau accomplissent des performances extraordinaires parce qu'ils les visualisent à maintes reprises. Il en va de même dans la vie. Définissez clairement ce que vous voulez, exercez-vous sans cesse en imagination et vous augmenterez de façon spectaculaire les chances pour que cela devienne réalité.

Demander à l'univers des cadeaux grandioses,
c'est inciter l'univers à vous les accorder.
— AUTEUR INCONNU

Quand vous serez parvenu à faire ce qui précède, vous serez à mi-chemin de votre transformation. Vivre en réalisant son projet est beaucoup plus satisfaisant que le sentiment de vacuité qu'on ressent quand on se laisse ballotter de tous côtés.

Maintenant, il faut faire en sorte que la vision d'excellence devienne réalité. Et il s'agit d'être heureux tout au long du chemin.

NOTES

Ma vision personnelle est:

SOYEZ HEUREUX

Le bonheur?

Mais, au fait, qu'est-ce que le bonheur? D'après le Mahatma Gandhi, «le bonheur, c'est quand vos pensées, vos paroles et vos actes sont en harmonie». Le dictionnaire dit que c'est d'être «content de son sort», mais cette définition est pour le moins ambiguë.

Si vous demandez aux gens de votre entourage s'ils sont heureux, la plupart répondront «mais oui» en haussant les épaules, sans toutefois pouvoir l'affirmer avec certitude. Le bonheur participe d'une émotion modérée. Le seul moment où nous savons, sans conteste, que nous sommes heureux, c'est quand nous éprouvons de la joie; à l'inverse, nous sommes malheureux quand nous éprouvons de la tristesse. Le bonheur, ou l'absence de bonheur, est un sentiment résiduel en période creuse. Vérifiez par vous-même. Asseyez-vous dans une pièce sans rien faire, laissez le calme s'établir autour de vous, puis évaluez votre état d'esprit... Heureux ou malheureux?

Faut-il croire que le bonheur nous est donné à la naissance pour nous être retiré peu à peu, à mesure que nous vieillissons? Ou bien s'agit-il d'un état qu'il faut acquérir? Si vous prenez le temps d'observer des nourrissons, vous remarquerez que certains sont d'un naturel heureux, alors que d'autres sont grognons. On pourrait penser que pour accéder à un état de bonheur permanent il suffirait de satisfaire les besoins élémentaires, comme la nourriture et un minimum de confort, mais on s'aperçoit vite que même les bébés ont leurs mauvais jours où rien ne peut les réconforter.

Du reste, cela existe aussi dans le monde animal où même les chiens ont de mauvais jours. L'un de mes amis a un très vieux carlin qui, certains jours, est affreusement grincheux. Peu importe la nourriture, les caresses, les mots gentils, le chien se contente alors de vous regarder de ses yeux larmoyants, comme pour dire: «Merci, mais c'est un mauvais jour. Laissez-moi tranquille.»

Après tout, peut-être que le bonheur n'est pas inné et que nous devons faire ce qu'il faut pour l'acquérir. Si les nourrissons et les chiens ont leurs mauvaises passes, comment font-ils pour les surmonter? Que convient-il de faire en attendant que se passe la mauvaise humeur? Laisser du temps au temps et satisfaire ses besoins élémentaires? L'ennui, c'est que, en avançant en âge, la liste de nos «besoins élémentaires» s'allonge. Il ne faut plus seulement de la nourriture et du confort pour être heureux, mais des chaussures à la mode, les plus récentes musiques et les vêtements les plus chic. Et, surtout, nous avons besoin de la reconnaissance de nos pairs.

Avant d'en avoir conscience, nous devenons les esclaves de nos envies. Le malheur est perçu comme un état contre nature et, dès que survient une période où nous ne nageons pas en plein bonheur, nous n'avons de cesse de le cacher. Ignorer cet état à tout prix, sortir, rencontrer des amis, boire un verre, avaler une pilule et hop! tout repart comme avant.

Cela me rappelle une chanson des *The* dans laquelle on se demande pourquoi Dieu a eu la cruauté de nous créer avec des besoins impossibles à satisfaire. La chanson se termine en disant que la vraie liberté est de ne plus rien désirer. Serait-ce la solution? Dès la naissance, nous sommes précipités dans le fleuve de la vie, entraînés par le courant, happés par des remous. Pendant ce temps, nous tentons désespérément de contrôler un peu notre dérive. Nous essayons de nous cramponner aux roseaux, mais ils sont trop fragiles pour nous retenir longtemps et nous sommes de nouveau emportés dans le courant!

Peut-être que le bonheur, c'est renoncer à l'idée que les choses devraient être comme ceci ou comme cela, mais les accepter comme elles se présentent et profiter de la balade sans se poser de questions. Est-ce pour cette raison que les drogues ont tant d'attrait? Je pense que oui. Quand vous êtes sous l'emprise de la drogue ou de l'alcool, vous ne vous préoccupez plus de votre identité, parce que vous en êtes complètement détaché. Il en va de même quand vous êtes absorbé par quelque chose qui vous passionne: vous perdez le contact avec votre identité. À vrai dire, la vie elle-même crée une dépendance! Morale de l'histoire: choisissez ce dont vous serez dépendant en faisant preuve de sagesse.

Cela dit, nul n'est à l'abri des mauvais jours et ne croyez pas ceux qui soutiennent le contraire.

Cela fait simplement partie de la nature humaine. L'important, c'est la façon dont on gère ces mauvais jours. Certains mettent autant d'énergie à se rendre malheureux qu'ils en dépensent pour être heureux. D'autres décident de passer outre. Le truc consiste à choisir : voulez-vous être heureux ou malheureux ?

On ne devrait pas s'efforcer d'éviter la tristesse ni s'imaginer que cet état est étranger à l'être humain. Il s'agit plutôt de comprendre qu'un changement peut s'imposer. Peut-être suffit-il de changer la manière dont on se comporte dans telle situation ? Peut-être faudrait-il changer d'emploi ? Fréquenter d'autres personnes ? Ou bouleverser notre vie tout entière ? D'une manière ou d'une autre, il faut choisir, il faut se donner la liberté de choisir. Pour être heureux, on doit se sentir libre d'accomplir ce qu'on souhaite. La joie se manifeste quand nous nous adonnons à ce qui nous passionne, mais le manque de liberté engendre l'amertume. Le bonheur repose sur la volonté et la conviction de pouvoir changer les choses.

Si vous voulez le bonheur, la première chose à faire est d'affirmer votre volonté d'être heureux. Rédigez votre résolution dès maintenant et affichez-la au mur : *Être heureux.*

Préparez-vous à vous battre

Le bonheur. À quel prix le voulez-vous ? Êtes-vous prêt à vous battre pour y parvenir ou pensez-vous qu'il suffit d'attendre qu'il vous soit servi sur un plateau ?

Si vous préférez baisser les bras et vous apitoyer sur votre petite personne, libre à vous. Des tas de gens sont prêts à vous tenir compagnie et d'autres s'empresseront de vous vendre tout ce qu'il faut pour vous aider à soulager votre malaise. N'allez surtout pas vous imaginer que vivre à l'aide de la pharmacologie est un phénomène récent. Cela existe depuis la nuit des temps. À toutes les époques, des gens ont cherché à fuir la douloureuse réalité de la vie. Les peuples anciens voyaient dans les drogues un moyen d'ouvrir les portes d'autres univers. Mais, employées à seule fin de fuir la réalité, les drogues représentent la voie de la facilité, alors que pour suivre le chemin qui mène vers une paix et un bonheur durables, il faut du courage et la volonté de se battre. Mais, quand on veut se battre, il faut se préparer.

Même si parfois nous agissons comme si nous étions composés d'éléments indépendants les uns des autres, en réalité, ils sont tous intimement imbriqués. Le cerveau, le corps, l'esprit et les émotions sont étroitement reliés, exactement comme les quartiers d'une pomme. Si nous négligeons un élément et que celui-ci se met à pourrir, la putréfaction s'étendra rapidement aux autres parties, car il n'est pas possible de l'isoler.

Si vous voulez être émotionnellement prêt à vous battre pour le bonheur, vous devez être prêt physiquement, spirituellement et mentalement. Revenez en arrière et reconsidérez votre vision. Quelle image aviez-vous de vous-même ? Étiez-vous affligé d'un surpoids, ou mince et en bonne santé ? Paresseux et léthargique, ou énergique et vif ? Désorienté et abruti, ou alerte et intelligent ?

Le mental peut nous confondre en nous faisant croire qu'il est d'une certaine manière supérieur au physique. Il existe même un adage à ce propos : *La raison transcende la matière.* Mais des scientifiques ont récemment découvert que l'inverse est vrai : la matière influence aussi l'esprit. Prenez le temps d'y réfléchir. Par le passé, on nous affirmait que, si on était triste, il suffisait de se persuader qu'on était heureux et tout changeait comme par magie ! À présent, on nous dit qu'il suffit de sourire pour déclencher dans le cerveau une réponse de «bonheur». C'est clair, non ?

Ainsi, ces gens qui promènent un sourire perpétuel aux lèvres ont peut-être raison, après tout. Si on affiche un air sombre, on se sent triste ; et si on se sent triste, on a l'air encore plus lugubre. Cercle vicieux. Rappelez-vous cela : c'est la volonté qui compte. La volonté d'accéder au bonheur, d'agir dans la joie, d'avoir l'air heureux, d'être heureux, de se battre en conséquence...

L'exercice physique a aussi son importance, parce qu'il fait circuler l'énergie. Il sera question un peu plus loin du mouvement et nous verrons combien il est essentiel, mais pour le moment, imaginez la tristesse et la dépression sous la forme d'un petit bonhomme. Il ressemble à un personnage de bandes dessinées : tout petit, il mesure cinquante centimètres, a le nez pointu, porte un chapeau et un manteau noirs. Il tient à deux mains une grande cape noire. J'ai donné à ce petit bonhomme le nom de Mel, le diminutif de Mélancolie.

Mel me rend visite de temps à autre et je sens qu'il est dans les parages quand je suis démoralisé. Il me suit dans toute la maison, attendant que je cesse de bouger pour jeter sur moi sa cape et me plonger dans les ténèbres de la dépression. Par chance, il n'est pas très grand, de sorte qu'il ne peut intervenir tant que je ne me suis pas immobilisé pour réfléchir. Dès que je cesse de bouger, par contre, il bondit tel un félin, me couvre de sa cape, et je m'effondre. Vous connaissez ça, vous aussi ?

Le côté positif est que, lorsque vous sentez la présence de Mel à proximité, vous pouvez vous débarrasser de lui en déployant votre énergie. Allez vous promener, courir, faire un tour à bicyclette ou en auto, faites ce qu'il vous plaira, mais chassez Mel consciencieusement. Comment un petit bonhomme encombré d'une grande cape pourrait-il vous attraper sur votre vélo ? Ça fonctionne à merveille, essayez !

Il faut également une bonne dose d'agilité mentale, étant donné que la lutte pour le bonheur exige que nous soyons à la hauteur. Si tel n'est pas le cas, on risque de rater de belles occasions. Nous les appellerons des « fenêtres opportunes » et en voici la raison : si on ne s'empresse pas de les franchir, elles se referment d'un claquement sec sur notre nez.

Je me souviens qu'à la fin du cours secondaire, un ami de mes parents m'avait suggéré de demander une bourse pour poursuivre mes études en Angleterre. Il détenait des actions dans la société qui attribuait ces bourses d'études. J'étais alors un peu prétentieux et je croyais que, s'il me l'avait proposé, je pouvais tenir la chose pour acquise et que je pourrais disposer de cet argent quand bon me semblerait. Que j'étais stupide ! Quand j'ai enfin décidé de soumettre ma candidature, la période d'inscription était terminée. J'avais manqué l'occasion et il n'y aurait pas de seconde chance.

Des recherches menées sur le cerveau démontrent que celui-ci n'est rien d'autre que l'un des muscles du corps humain. Il a besoin d'exercice pour bien fonctionner et rester en bonne santé. Sans exercice, il s'atrophie. Si l'exercice est insuffisant, il s'ankylose et ne peut plus accomplir de nouvelles tâches. Par conséquent, le travail intellectuel doit être varié, stimulant et agréable. Il n'y a aucun avantage à s'enferrer de plus en plus dans la routine. Essayez donc de diversifier vos activités. Adonnez-vous à la danse, apprenez une nouvelle langue, jouez aux échecs, faites de la musique, lisez, etc.

L'esprit aussi a besoin d'exercice. L'esprit est cette chose intangible qui a toutefois le pouvoir de vous élever au-dessus et au-delà de toutes les limites rationnelles. Il sera traité plus en profondeur dans la troisième partie de l'ouvrage, si bien que j'abandonne pour l'instant ce sujet afin d'aborder la question du choix.

Le destin opposé à la liberté

Certains prétendent que la vie est prédéterminée. Alors pourquoi tenter d'y changer quoi que ce soit? Voyons d'abord les choses sous cet angle: supposons qu'il n'y ait ni Dieu, ni être supérieur, ni conscience suprême. Remarquez que cela implique que la vie n'a pas de sens, puisqu'il n'y a pas de force créatrice.

Si tel est le cas, tout ce que nous faisons et tout ce qui nous arrive est déterminé d'avance. Donc, peu importent nos actes, ils n'y changeront rien. Les embêtements arriveront dans tous les cas et l'existence n'est que souffrance. Nous ne sommes que des pions sur l'échiquier de nos envies, déchirés entre la joie de voir nos désirs satisfaits et la douleur qu'engendre l'impossibilité de les combler.

Si vous partagez cette opinion, autant cesser la lecture de ce livre et continuer à rechercher les plaisirs, puisque aucun de vos actes n'aura d'incidence sur le cours de votre vie.

À mon avis, il s'agit là d'une dérobade: vous refusez d'assumer la responsabilité de vos actes et de ce qu'ils engendrent. «C'est le destin», voilà la rengaine pleurnicharde de ceux qui pensent ainsi.

Cette conception de la vie vous disculpe de toute responsabilité en même temps qu'elle vous prive de toute liberté effective, puisque vous devez croire que vous avez les mains liées depuis votre naissance.

Maintenant, présumons que vous croyez en Dieu ou en une entité supérieure. Je dois préciser ici que j'emploie ces deux expressions à dessein, car certaines personnes éprouvent une forte aversion à l'égard du mot «Dieu», qui figure une divinité masculine assise dans les cieux et qui nous regarde de haut avec réprobation. Soyons clair: quand je fais référence à Dieu, je veux parler d'une force créative ou d'une puissance supérieure qui existe en toutes choses.

En Afrique, les Bantous croient que Dieu règne sur le passé, le présent et l'avenir, mais qu'on ne saurait le concevoir. Les chrétiens croient pour leur part que nous avons été créés à l'image de Dieu et ils se le représentent en général sous les traits d'un personnage de sexe masculin. Selon d'autres religions, Dieu est en tout et partout. Diverses doctrines spirituelles enseignent qu'une force de vie universelle gouverne toute chose. À vous de trouver ce qui vous convient. Mais la question plus générale qui se pose est la suivante: Existe-t-il une puissance supérieure? Par commodité, j'appellerai «Dieu» cette puissance, mais n'en soyez pas offusqué.

Ah oui, le destin...

Partons donc du principe que Dieu existe. Si toute vie est prédéterminée, sans libre choix, alors Dieu aurait créé un monde où nous ne serions que des pions, sachant dès le commencement ce qu'il adviendrait de nous. Ainsi, qu'importe l'acharnement avec lequel nous nous battons, il nous est impossible de rien changer. Douleurs, souffrances, luttes et espoirs sont inutiles. Le seul qui pourrait retirer un quelconque plaisir de cet état de fait serait Dieu lui-même, ce qui me semble très cruel, aux antipodes d'un véritable Dieu.

Un Dieu aimant, bienveillant, qui aurait créé un monde où nous serions privés du libre arbitre : voilà un oxymoron contre lequel je m'élève. Un Dieu d'amour, de bienveillance et de bonté aurait plutôt créé un monde dans lequel nous aurions la liberté de choisir et le pouvoir de changer les choses. Se pose toutefois le fait que nous n'avons aucune possibilité de modifier certains détails. On ne change pas de parents ni de lieu de naissance. Mais on peut améliorer ses conditions de vie. On peut décider de croupir dans la fange ou d'en sortir. On peut modifier notre manière de réagir à ce qui nous entoure.

Avez-vous vu le film *Le Jour de la marmotte ?* Sinon, n'hésitez pas à le louer. Bill Murray y incarne un homme qui revit toujours la même journée, jusqu'au moment où il se rend compte qu'il lui suffit de modifier ses réactions aux événements de cette sempiternelle journée. Il en va à peu près de même dans la vie.

Cependant, une remarque s'impose. Si on nous a enfoncé dans le crâne depuis toujours qu'on est un perdant, chaque fois qu'on traversera des difficultés, on aura tendance à se dire : « Bien fait pour moi, je ne suis qu'un perdant. » Ainsi, même si on peut changer les choses, il n'est pas toujours facile de le faire, en particulier quand on traîne derrière soi un énorme passif existentiel. Voilà qui me permet de passer au point suivant.

La conviction crée la réalité

Il n'est pas question que vous décidiez pour moi qui je dois être.
— MUHAMMAD ALI

Si nous avons été créés à l'image de Dieu, cela vaut pour NOUS TOUS. Si certains peuvent accomplir des choses extraordinaires, nous pouvons TOUS le faire. Par essence, VOS CONVICTIONS FONT DE VOUS CE QUE VOUS ÊTES.

Ce qui nous détraque le plus, ce sont ces inepties dont on nous farcit le crâne et ce que la société veut nous faire croire pour que nous correspondions à ses critères. Cette société veut nous faire croire qu'il faut travailler et s'intégrer au système économique pour devenir des consommateurs et être heureux. Ceux qui dominent veulent nous faire croire que tout va pour le mieux dans le meilleur des mondes.

Nous vivons en ce moment une période bizarre. Dans les années 1970, on pensait qu'on était à l'aube d'un «temps nouveau» et de la fameuse «société des loisirs». On travaillait moins d'heures par semaine et l'avenir semblait radieux. On ne travaillerait bientôt plus que quatre jours par semaine et on aurait plus de temps à consacrer à sa famille et à toutes sortes d'activités.

Depuis lors, la semaine de travail s'est allongée, les gens sont plus stressés que jamais, les parents passent de moins en moins de temps avec leurs enfants et il est devenu presque impossible de faire vivre une famille avec un seul revenu. Pour couronner le tout, on écume la Terre et nos descendants hériteront d'une planète désolée.

Allô! Y a-t-il quelqu'un à l'écoute? Avez-vous jamais eu l'impression que nous sommes peut-être en train de prendre la mauvaise direction? Il ne faut donc pas s'étonner de la hausse des cas de dépression! Si on considère objectivement la façon dont les choses évoluent, comment ne pas se sentir déprimé?

Ça ne peut pas continuer comme ça! Un changement s'impose, et la clé est d'avoir foi en une nouvelle direction. D'abord, nous devons, et c'est le plus important, conquérir notre liberté. La liberté de choisir qui nous voulons être et quel genre de monde nous voulons créer. Tant que nous ne ferons que réagir à ce qui se passe autour de nous, nous ne serons jamais libres.

Il n'est rien de bon ou de mauvais qui ne le soit parce que nous le pensons tel.
— Shakespeare, *Hamlet*

Nos convictions créent notre réalité. Si nous nous croyons stupides, eh bien nous le sommes et nous n'envisageons même pas d'entreprendre des choses complexes, persuadés que nous sommes incapables de les réaliser. Si nous croyons au destin, nous nous résignons à subir notre sort et ne nous préoccupons même pas de nous battre pour changer quoi que ce soit. Par contre, si nous croyons être un grand tennisman, nous pouvons être un as du tennis. Ce qui ne veut pas dire que nous allons nécessairement le devenir, mais cela ouvre la porte d'un monde possible.

Dernièrement, la physique quantique s'est intéressée au sujet. Selon le principe de Heisenberg, un objet est affecté par son interaction avec le sujet. Et nos pensées sont des objets. Il a été vérifié par des expérimentations que si vous fixez quelqu'un des yeux, cette personne sera affectée par votre regard. Dans presque 90 % des cas, les gens peuvent affirmer sans se tromper qu'on les a observés.

La croyance collective génère un pouvoir gigantesque. Un dessein très net peut avoir un impact énorme quand il s'appuie sur la conviction. Retenons aussi que toutes les choses exercent un effet sur toutes les autres choses. Vos convictions influencent votre façon de penser; votre façon de penser a un impact sur les propos que vous tenez; vos propos ont une incidence sur la manière dont on vous perçoit ; la manière dont vous êtes perçu entraîne des répercussions sur la façon dont on vous traite ; et la façon dont on vous traite provoque des effets sur vos convictions.

Si vous croyez être un gagnant, votre comportement est celui d'un gagnant. Si vous avez le comportement d'un gagnant, vous marchez et parlez comme un gagnant. On vous traite donc en gagnant. L'esprit domine la matière. Conviction plus volonté égalent créativité. Le truc consiste à démasquer nos illusions. À creuser dans les profondeurs de notre psychisme pour y dénicher nos convictions les plus intimes. Notre subconscient nous apporte-t-il soutien ou indécision ? Nous appliquons-nous à nous dénigrer ou à nous stimuler ?

J'ai déjà fait remarquer que la société occidentale est fondée sur une pensée linéaire qu'on peut faire remonter aux philosophes grecs Socrate, Platon et Aristote. Pourtant, il existe une autre manière d'envisager l'univers. Une manière beaucoup plus fluide, beaucoup plus conforme au pouvoir de la manifestation créatrice.

Voyons le monde comme un lieu où l'énergie circule en toutes choses et où nos pensées et nos convictions ont des conséquences sur les choses. L'univers se révèle alors infiniment créatif à chaque instant de chaque jour.

Divisons le monde en trois domaines : passé, présent et avenir.

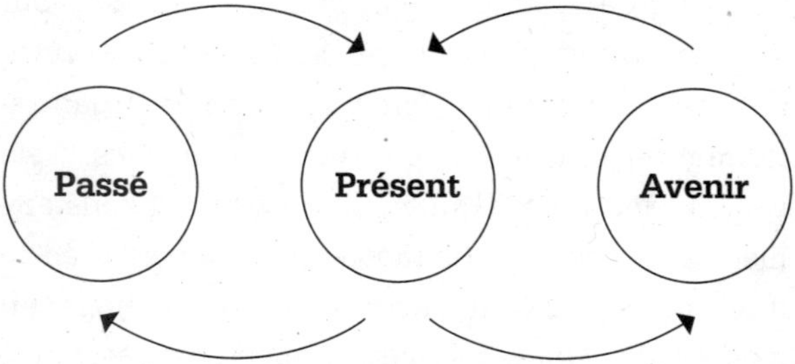

Dans le domaine du passé résident la totalité de nos expériences, convictions, opinions et jugements, soit tout ce qui fait ce que nous sommes. Nous traînons toutes ces choses dans notre vie actuelle et, lorsque nous devons réagir à une situation, nous nous référons d'abord à notre passé.

Si, par exemple, on nous a dit par le passé que nous n'avions aucun pouvoir de séduction et que dans le présent nous faisons une rencontre qui pourrait déboucher sur une liaison, notre comportement sera en accord avec ce que nous croyons. Nous produirons vraisemblablement le résultat auquel nous nous attendons.

Cela doit vous paraître un peu simpliste, car nous aimons croire qu'à titre d'être humain nous sommes incroyablement complexes et uniques. Et c'est bien la raison pour laquelle nous inventons des modèles en notre for intérieur. La tâche la plus simple peut être exécutée d'une multitude de façons. Si on devait envisager toutes les possibilités avant de prendre une décision, l'indécision finirait par nous paralyser. Il nous faudrait des heures et des heures uniquement pour nous habiller le matin.

Il y a longtemps déjà, des scientifiques ont constaté que le cerveau nous affranchit de cette analyse en opérant comme un système organisationnel de calque des conventions sociales. Cela signifie simplement que notre cerveau est constamment à la recherche de modèles en rapport avec ce que nous voyons et faisons. Dès qu'il repère un modèle, il s'aligne automatiquement sur cet archétype plutôt que d'analyser les autres possibilités.

Examinons l'analogie qu'utilise le Dr Edward de Bono. Imaginez une vaste prairie désertique où la pluie se met à tomber. Des flaques se forment petit à petit, puis se joignent les unes aux autres et l'eau s'écoule du point le plus haut vers le bas. Des rigoles se creusent, de plus en plus profondes. Lors de la prochaine pluie, l'eau se déversera directement dans ces ruisseaux qui deviendront encore plus profonds, jusqu'à former des rivières. Le processus se poursuivra, devenant par la même occasion de plus en plus automatique.

Le même phénomène se produit dans notre cerveau, un peu à l'image d'un bébé à qui on apprend à faire sa nuit. Au début, le nourrisson s'éveille à plusieurs reprises, puis, à la grande joie de ses parents, il dort paisiblement jusqu'au matin. Le fait est que de nombreuses choses sont préprogrammées dans notre esprit, formant des modèles que nous reproduisons sans même y penser.

Si notre cerveau est farci de conditionnements erronés, il est très difficile de le ramener dans le vrai. Notre passé nous a fabriqué une vision figée qui nous dicte comment percevoir le monde et nous agissons conformément à nos perceptions. Le passé limitera nos impressions, réduisant à une simple série d'options nos moyens de traiter les situations actuelles, nous privant, par le fait même, d'un large éventail de possibilités.

La plupart des gens passent de 90 à 95 % de leur vie dans la boucle passé/présent. La connaissance qu'ils ont du monde leur permet d'en obtenir exactement ce qu'ils en attendent. Plus ils tournent en rond dans la boucle, plus la routine s'installe dans leur esprit, et plus il leur est difficile de se libérer du cycle.

Dès la naissance, nous sommes conditionnés à croire que ce cycle est la meilleure direction à suivre. Il nous est loisible d'apporter des améliorations minimes à notre existence, mais un changement majeur nous échappe.

C'est ainsi que va le monde à l'heure actuelle : coincé dans une boucle capitaliste à courte vue, tournant en cercles qui se rétrécissent sans cesse. La plupart des gens se comportent comme des passagers embarqués pour un tour, sans connaître la destination finale, mais demeurant à bord malgré tout. Ils sont sains et saufs, certes, mais ils ne vont nulle part.

Quitte à me répéter, ce n'est pas la peine de se demander pourquoi tant de gens sont dépressifs et suicidaires.

Se libérer du cercle

Il arrive parfois qu'on se libère accidentellement du cercle. Quand on éprouve une grande colère face à la tournure des événements et que nous décidons d'abandonner le chemin que nous suivions aveuglément. Nous rejetons ce qui allait de soi par le passé, décidons de tourner la page et de recommencer. Dès lors, nous entrons dans le domaine de l'avenir. Et, dans l'avenir, tout est possible, nous allons vraiment aborder une page blanche et ne subirons aucune contrainte.

Le problème, quand on veut passer du côté de l'avenir pour produire des idées neuves, puis revenir dans le présent pour en faire part à notre entourage, c'est que les gens essaient de nous ramener dans le passé. Rappelez-vous que le passé est sûr, sécurisant, confortable et, plus important, cautionné par tous ceux qui vous entourent. On s'empressera de qualifier votre projet d'utopie, avec des arguments puisés dans le passé. Si vous persistez malgré tout dans votre projet, au premier échec s'élèvera un concert de voix: «Nous te l'avions bien dit!» Répondez-leur de vous ficher la paix! Non, ce n'est pas ce que je voulais dire, je plaisantais...

Reconnaissez plutôt que tout le monde a des rêves, mais que bien peu ont le courage d'aller jusqu'au bout. Or, les rêves inaboutis nous pourrissent la vie. L'incapacité à faire ce qu'on veut engendre l'amertume. Et l'amertume se manifeste par la colère, la jalousie ou la dépression. Ne soyez donc pas surpris si des gens deviennent agressifs et vous expliquent que vous ne pouvez pas faire ça. C'est leur façon de répercuter la vision figée qu'ils ont du monde.

Mais revenons plutôt au moyen de sortir de la boucle. Quand nous envisageons de quitter l'état passé/présent pour l'état avenir/présent, de nouveaux points d'ancrage sont nécessaires. Dans la boucle passé/présent, nos repères comportementaux reposent sur ce que nous savons être convenable par notre expérience et notre éducation. Ces repères sont largement cautionnés dans notre société, parce que nous avons tous été conditionnés selon des critères uniformes.

LES TROIS DOMAINES DE LA COMMUNICATION

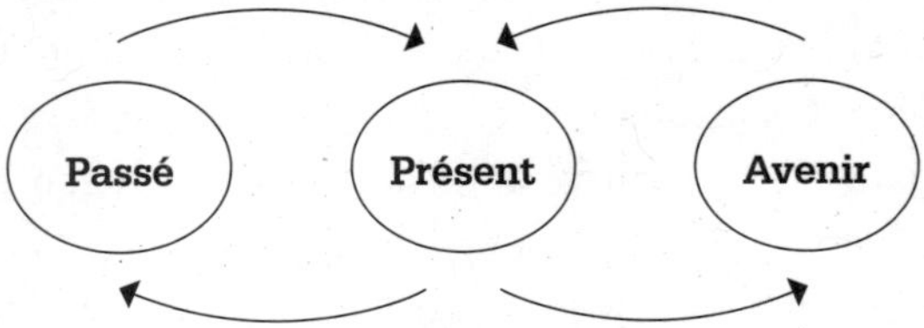

Vision figée de l'univers	Ce qui existe ou n'existe pas	La chance d'explorer les vraies possibilités
Confort et sécurité	Le présent est le point de jonction entre l'esprit et la matière, et il représente donc le point à partir duquel vous avez le pouvoir d'exercer une influence sur le monde	Une page vierge
Un monde connu		
La totalité de nos expériences, opinions, jugements		
Correct/incorrect		
N'offre que des options, pas de possibilités réelles	Seul lieu où se produit l'action	

Quand vous plongez dans la boucle avenir/présent, vous entrez en terrain vierge. Les références admises dans la boucle passé/présent ne sont plus valables. À vrai dire, ces références invalideront vos tentatives.

Ainsi, il vous faut de nouveaux points de référence, ou points d'ancrage, auxquels vous raccrocher tandis que vous affrontez la tempête. Ces points d'ancrage sont votre vision d'excellence, vos valeurs et votre plan d'action.

La première partie de cet ouvrage a exposé comment déterminer votre vision et vos valeurs. Nous nous attacherons aux actions dans un moment. Faisons d'abord un bond en arrière et regardons un peu plus en détail cette vision du monde.

Le passé et l'avenir ne sont en fait que des expressions du langage. En réalité, rien n'est en train d'advenir, ni dans le passé ni dans l'avenir. Le seul endroit où l'action a lieu, c'est dans le présent. Toutefois, le passé peut nous tirer vers l'arrière par la force des convictions ; et l'avenir, lui, peut nous propulser vers l'avant grâce à la clarté du projet.

Ainsi, il faut d'abord découvrir ceci : qu'est-ce qui vous retient ?

Dégager un espace dans le désordre du cerveau

Le monde fonctionne de telle sorte que les semblables s'attirent. Par exemple, si vous êtes constamment inquiet au sujet de choses qui pourraient vous arriver, vous augmentez les probabilités que ces choses se produisent. En principe, les pensées que vous émettez dans le monde finissent par se manifester dans votre vie. Ce qui signifie que vous devriez faire tout de suite le ménage dans ce qui vous encombre l'esprit, puis distinguer ce qui est utile de ce qui ne l'est pas. Débarrassez-vous de ce qui ne sert à rien pour faire place aux notions nouvelles. Si votre esprit est bourré de détritus, peu importe l'ardeur que vous mettrez à grandir, vous échouerez par manque de place.

Imaginez que votre cerveau a une capacité de mémoire comparable à celle d'un ordinateur. Dès que le disque dur est plein, le système se bloque et rien ne peut plus bouger. C'est la même chose pour nous: si la confusion règne dans notre esprit, elle régnera dans notre existence. Une bonne purge s'impose.

Le premier truc consiste à mettre par écrit ce que vous savez être exact à votre sujet. Comment le savoir? C'est tout simple: parce que vos proches vous l'auront dit. Essayez d'y voir plus clair à l'aide des exemples suivants.

Ma mère me dit: « Tu es tout le portrait de ton père, aucune patience, tu ne tolères pas les bouffonneries. »

Mon amie me dit: « Tu es quelqu'un à qui on peut parler, on ne s'ennuie pas avec toi. »

Il vous faudra sans doute un certain temps pour établir cette liste, qui vous sera d'autant plus utile que vous aurez répertorié les commentaires de tous les gens qui comptent ou qui ont compté dans votre vie.

Une fois la liste terminée, distinguez les éléments utiles des éléments inutiles. Les éléments utiles sont propres à faire émerger la personnalité que vous devez adopter pour atteindre votre vision d'excellence. Quels comportements ou traits de caractère correspondent avec cette vision?

Quant aux jugements inutiles, essayez de voir de quelle manière vous pourriez les transformer. À cette fin, vous devrez peut-être modifier certains comportements. Ou bien, chaque fois qu'une personne portera sur vous ce jugement particulier, vous vous expliquerez avec elle à ce sujet.

Souvenez-vous que vos convictions font de vous ce que vous êtes. Si, par exemple, quelqu'un qui vous tient à cœur émet constamment envers vous des jugements défavorables qui ne vous font pas avancer, ceux-ci auront forcément sur vous un effet négatif. Si cette personne s'intéresse vraiment à vous et à ce que vous essayez d'accomplir, il suffirait peut-être de lui faire comprendre quel effet ses paroles exercent sur vous.

Imaginez, par exemple, que chaque fois que vous vous emportez, votre mère déclare: « Tu es bien comme ton père. » Imaginez aussi que votre père est soupe au lait et qu'il a du mal à se maîtriser. Son mauvais caractère lui a fait perdre plusieurs emplois intéressants, ce qui l'a souvent contraint à accepter des postes indignes de lui. Ainsi, vous interpréterez négativement les commentaires de votre mère et vous pourriez en venir à penser que vous n'avez aucun contrôle sur votre tempérament.

Ne tombez surtout pas dans ce panneau!

Le véritable pouvoir réside dans la capacité à déterminer par anticipation comment vous réagirez à toutes les situations.

Vous pouvez être qui vous souhaitez, seules vos convictions vous limitent. Plutôt que vous contenter de réagir aux paroles de votre mère, faites-lui remarquer calmement (si vous êtes fâché, allez faire un tour, puis revenez l'esprit plus serein) que ses propos sont très négatifs et que son jugement ne vous laisse aucune chance de changer. Dites-lui que vous aimeriez au contraire qu'elle vous aide à vous améliorer.

Même si cela vous semble banal, ça fonctionne. Au bout du compte, faire remarquer aux autres l'effet que provoquent leurs paroles les amènera à marquer une pause et à réfléchir à leur comportement.

NOTES

Ce que les gens disent de moi :

Est-ce utile ? Oui/Non

Les mesures que je vais prendre :

Ensuite, asseyez-vous au calme et décrivez la perception que vous avez de vous-même. Vous devez être d'une honnêteté implacable ! Quels sont vos points négatifs ou vos faiblesses ? Quels sont vos points forts ? Déterminez ce qui vous est utile et ce qui ne l'est pas, et décidez des mesures que vous allez prendre au sujet des éléments négatifs.

NOTES

Comment je me vois:

Est-ce utile? Oui/Non

Les mesures que je vais prendre:

À la fin de cet exercice, vous disposerez d'une liste de choses à faire ou à changer. Vous devriez aussi avoir une description de plus en plus claire de la personne que vous vous efforcez d'être.

Désormais, au cours de vos méditations, vous devriez être apte à écouter la petite voix dans votre esprit et à décider si cela reflète ce que vous voulez être ou ce que vous refusez d'être.

La puissance des actes

Heureusement, vous avez maintenant une bonne idée de la manière dont fonctionne cette façon de voir le monde. C'est bien beau de parler, mais les actes, eux, ont du pouvoir. Le présent est là où vous avez le pouvoir, c'est le seul endroit où l'esprit et la matière se rencontrent, le seul endroit où vous avez l'occasion d'interagir avec le monde matériel.

Changez de convictions et vous modifiez les vibrations que vous propagez dans votre environnement. Changez votre vision et vous modifiez ce que vous vouliez créer. Cela dit, rien ne se produit sans l'ACTION.

On ne saurait apprendre la sagesse
en restant simplement assis aux pieds d'un sage.
Chacun doit vivre sa propre vie, commettre
ses propres erreurs, connaître soi-même l'extase
pour apprendre le vrai sens de l'existence,
car il est différent chez chaque individu.
Tomber, se relever, tout recommencer
dans un contexte différent. L'expérience.
Et l'apprentissage. C'est la seule méthode.

— ERIC VAN LUSTBADER, *Le Ninja*

Si vous vous situez dans la boucle passé/présent, vous ne faites rien d'autre que réagir aux événements. Vos actes perpétuent les schémas qui ont toujours existé. Si par contre vous vivez dans la boucle avenir/présent, vous devez être proactif. N'attendez pas. N'attendez jamais que les choses arrivent toutes seules. Car vous avez déjà perdu le contrôle de la situation sitôt que vous vous mettez en état d'attente. Vous ne ferez alors rien d'autre que réagir.

La boucle avenir/présent est entièrement dédiée à la manifestation créative. C'est là que vous déciderez de ce que vous entendez créer avant de revenir dans le présent pour vous y consacrer — même si tout le monde autour de vous vous décourage de le faire.

C'est ce qui s'est produit aux États-Unis dans les années 1960, quand on a décidé d'envoyer des hommes sur la Lune. D'éminents scientifiques ayant déclaré la chose infaisable, Kennedy, au lieu de discuter en vain, les a enjoints de lui démontrer pourquoi ce projet était impossible. Ensuite, il a soumis leurs réponses à un autre groupe de scientifiques chargés, eux, de résoudre les problèmes. Tout le monde connaît la suite de l'histoire...

Voici donc un élément-clé: l'ancienne manière de considérer le monde est trop figée. Socrate, Platon et Aristote s'accordèrent à définir l'univers en catégorisant les choses, décidant de ce qui est conforme et de ce qui est erroné, alors que la nouvelle vision du monde concerne essentiellement le mouvement. La notion de création admet le côté mystérieux de l'univers, accepte qu'il n'existe aucune réponse exacte ou définitive. Il faut aussi admettre que le monde est infiniment profus, cependant que l'ancienne manière de voir le juge insuffisant. Plutôt que décider qui aura la plus grosse part du gâteau en le partageant entre les besoins concurrents, il faut trouver le moyen de fabriquer un plus gros gâteau.

Ayez une vision claire, des convictions; définissez votre projet et CRÉEZ!

AGISSEZ!

Avant de s'engager, il y a l'hésitation,
le risque de l'inefficacité de tous les actes
de l'initiative (et de la création). Il existe une vérité
élémentaire dont l'ignorance tue d'innombrables idées
et des plans magnifiques: au moment où l'on s'engage
définitivement, la Providence se met elle aussi
en marche. Il arrive alors toutes sortes de choses
qui ne se seraient jamais produites
pour aider un individu. Il se produit une succession
d'événements dès que la décision est prise,
qui font tourner le vent en notre faveur,
qu'il s'agisse d'incidents imprévus, de rencontres,
ou d'une aide matérielle dont aucun homme
n'aurait pu rêver. Quel que soit votre rêve et quelles
que soient vos capacités, commencez.
L'audace a du génie, du pouvoir et de la magie!
Commencez tout de suite!

— GOETHE

On ne peut créer le mouvement par la seule pensée, à moins d'être doué pour plier des petites cuillers par la force de l'esprit. Vous devez agir.

Dès que vous êtes convaincu de savoir ce que vous voulez créer, définissez avec exactitude les actions qui s'ajustent parfaitement à l'avènement de cette réalité. En d'autres termes, vous devez avoir la conviction que votre vision existe quelque part dans le futur. Tout ce qu'il vous reste à faire, c'est de la tirer vers vous. Si vous pouvez voir le chemin qui mène à cette vision, quelles actions doivent-elles être entreprises le long de ce chemin? Que devez-vous faire dès maintenant? D'ici six mois? Et d'ici un an?

NOTES

Les actes à accomplir sur le chemin de ma vision:

Mes jalons :

Ce que je dois faire au cours des six prochains mois :

Ce que je dois faire dès maintenant :

Les envahisseurs de l'espace — stratégie vitale

Connaissez-vous *Les envahisseurs de l'espace?* Adolescent, j'ai passé des heures et des heures à m'amuser dans les salles de jeux vidéo, adoptant une allure décontractée et draguant les filles, bien entendu! *Les envahisseurs de l'espace* était alors un jeu très populaire, et pas seulement parce qu'on pouvait jouer des parties gratuites en coinçant un briquet électronique dans la fente du monnayeur! C'était surtout parce que ce jeu exigeait beaucoup d'adresse, de la chance, le sens de la stratégie, et le sang-froid qui permet d'aller jusqu'au bout. Voilà où je voulais en venir.

Dans ce jeu, de petits envahisseurs progressent par vagues pour attaquer votre position. La tentation est forte de tirer dans le tas, mais si vous adoptez cette stratégie, vous serez vite débordé. Pour faire un très gros score, vous devez d'abord abattre deux ou trois colonnes, puis, avec calme et méthode, anéantir une rangée à la fois. Si vous conservez votre sang-froid et restez concentré, même quand vous êtes sur le point d'être débordé, la stratégie fonctionne. Mais si vous paniquez, vous êtes voué à l'échec.

Il en va de même dans la vie: vous devez développer une stratégie pour vous rendre où vous voulez. Mais, là encore, le vrai talent consiste à garder son sang-froid pour réussir. Soyez complètement présent à votre affaire, concentrez-vous sur chaque vague d'envahisseurs ou sur les prochaines actions requises. Ne paniquez pas quand des gens qui regardent par-dessus votre épaule vous disent que vous allez perdre. Demeurez sur le qui-vive pendant chaque offensive et faites le point entre chaque partie.

Ne vous laissez pas paralyser

Perché au bord du précipice de l'avenir, il est facile de se laisser paralyser par l'analyse. Tournez-vous plutôt vers votre conseillère de confiance, la mort. Si vous ne le faites pas maintenant, quand vous déciderez-vous ? Retenez ceci : nul n'est plus puissant que l'individu qui agit comme s'il accomplissait sa dernière action.

Quand vous aurez établi votre plan, appliquez-le. Souvenez-vous que vous ne pouvez pas plus connaître l'avenir que comprendre les véritables implications des événements qui se produisent dans l'immédiat. Quelques décisions que vous preniez, allez-y à 100 %, ne vous contentez pas de demi-mesures.

La peur vaut mieux que les regrets.

L'inquiétude est en effet une émotion vaine, puisqu'en l'occurrence nous réagissons à une situation qui ne s'est pas produite. Il en résulte que nous nous cramponnons désespérément au monde, ce qui nous diminue, nous et le monde. Quoi qu'il advienne dans l'avenir, cela se produira. La seule possibilité qui s'offre à vous se trouve là, maintenant, juste en face de vous.

«Ne vous inquiétez pas» est beaucoup plus facile à dire qu'à faire, je le sais bien. Si vous êtes un perpétuel inquiet et que vous aimeriez changer, vous aurez besoin de faire de sérieuses fouilles. Pas dans votre arrière-cour, mais dans votre tête. Que s'est-il passé, dans votre vie, pour que vous reproduisiez le modèle qui fait de vous un être inquiet?

Si vous arrivez à découvrir de quoi il s'agit, vous aurez toutes les chances d'agir en conséquence. Peut-être qu'en prenant conscience qu'il est inutile de vous inquiéter à tout propos et qu'en décidant d'être différent, cela serait suffisant. Peut-être aussi devriez-vous prendre des mesures propres à vous débarrasser de ce modèle comportemental. D'une manière ou d'une autre, il est nécessaire de déterminer comment vous voulez être. Commencez par agir en accord avec cette vision.

Quand tout va de travers

Le vrai défi dans la vie,
c'est de toujours aller de l'avant.
— John Travolta

Bien, ici je dois parler clairement : les choses n'iront pas toujours comme vous voulez. C'est difficile à entendre, mais c'est pourtant vrai. Dans tous les cas, vous avez besoin de prévoir un plan pour régler les choses qui ne tourneront pas comme prévu.

Revoyons le modèle abordé précédemment. Si vous tentez quelque chose de nouveau et que ça ne fonctionne pas, vous aurez sans doute tendance à vous réfugier dans le passé. Vous en ferez aussitôt toute une histoire, vous disant que vous n'auriez pas dû vous lancer dans cette aventure, ni la tenter ni même y croire. Vous vous traiterez d'imbécile pour avoir cru que vous pourriez y arriver du premier coup, persuadé que vous auriez mieux fait d'écouter ceux qui vous décourageaient...

ASSEZ !

Nous appellerons cela le passage délicat, et vous devez à présent distinguer les faits des bavardages. Bien que nous ayons en général tendance à confondre les divers éléments, il y a une grande différence. On ne peut discuter les faits : ils existent ou non, c'est simple et sans conteste.

Quant aux bavardages visant à déterminer qui avait raison et qui avait tort, qui savait que vous n'auriez pas dû vous lancer là-dedans, qui vous a dit ceci ou cela, sachez les ignorer pour mettre les choses au clair. Réfléchissez calmement et couchez le tout par écrit. Quels sont les faits ? Que s'est-il réellement passé ? Que voulez-vous ?

Voyez l'exemple qui suit. Mon ami Luc est potier. Il travaillait aux États-Unis quand il apprit qu'une poterie, située dans les montagnes d'Afrique du Sud, acceptait d'accueillir des apprentis. Il contacta la propriétaire de cet atelier, qui accepta de le prendre pour six mois. Luc fit donc ses bagages et partit là-bas, s'attendant à trouver une grande poterie avec des équipements modernes et un logement où il habiterait, mais une fois sur place il découvrit l'atelier installé dans une écurie désaffectée et pourvu d'équipement recyclé. La dernière stalle lui tiendrait lieu de logement, séparé par une cloison d'une cuisinette et d'une minuscule salle de bains.

Le tour de potier qu'on lui avait attribué était excentré, si bien que chaque fois qu'il essayait de façonner un vase, celui-ci prenait des formes étranges. Des courants d'air circulaient partout et des insectes envahissaient son logis. De plus, il n'y avait pas d'eau chaude. Après quelques jours, Luc était dans tous ses états et maudissait sa fâcheuse situation.

Finalement, nous avons étudié ensemble la façon de voir le monde par l'approche passé/présent/

avenir. Luc a immédiatement saisi la situation. Il avait énormément de choses à raconter, mais les faits étaient simples : le tour était déséquilibré, il n'y avait pas d'eau chaude et les insectes envahissaient l'atelier. Puis il redevint peu à peu objectif. Plutôt que se laisser gagner par ses émotions et réagir bêtement à la situation dans laquelle il se trouvait, il se demanda : « Qu'est-ce que je veux ? » Il voulait vivre et travailler quelque temps dans un milieu culturel différent, ce qui lui permettrait de grandir en tant qu'individu et de développer ses talents de potier. Sa vision était claire.

« Es-tu encore engagé par rapport à ta vision ? » fut la question suivante. « Oui », répondit-il d'un ton retentissant.

Dès lors, il se redressa, l'inquiétude avait disparu, il était prêt à passer aux actes. Je lui ai demandé : « Que vas-tu faire, maintenant ? » Luc bondit sur ses pieds et, tout en grimpant la colline en direction de la poterie, il se retourna et me lança : « Je vais réparer le tour, trouver quelqu'un pour s'occuper de l'eau chaude, boucher les trous dans les murs et le plafond, et je vais continuer. »

Il nous arrive à tous de tomber de temps à autre, mais, s'il est un talent qu'il nous faut développer, c'est d'apprendre à se relever, se secouer et se remettre en marche. Les solutions exigent de la bonne volonté et de la méthode.

Dans la vie, la vraie gloire n'est pas de ne jamais tomber, mais de se relever chaque fois.
— Nelson Mandela

Si nous essayons de réaliser de grandes choses ou de poursuivre nos rêves les plus fous, il nous faut accepter des chutes bien plus nombreuses que si nous nous contentions de prendre le train avec tout le monde et de nous laisser conduire.

Souvenez-vous que le vrai pouvoir est l'aptitude à déterminer par anticipation votre réponse à toute situation, et que la création procède du mouvement. Ainsi, nous devons définir clairement ce que nous voulons accomplir, être suffisamment objectif pour nous extraire de la fange, et être prêt à aller de l'avant.

La prochaine fois que tout ira de travers, faites une pause et posez-vous les questions suivantes :

- Que se passe-t-il vraiment ? Quels sont les faits ?
- Qu'est-ce que je veux ?
- Est-ce que je le veux toujours ?
- Quelle est l'action à entreprendre ?

Ensuite, agissez !

Souvenez-vous aussi que la boucle passé/présent a encore son utilité. Ne jetez pas le bébé avec l'eau du bain. Tandis que la boucle avenir/présent nous permet de créer ou de rendre les choses manifestes, la boucle passé/présent est celle de l'amélioration continue. Dans une perspective factuelle, on peut donc se demander : « Puis-je tirer une leçon de cette expérience, une leçon qui m'aidera la prochaine fois?»

Luc a appris que, quand on se lance dans une aventure d'une certaine envergure, il est utile d'avoir quelqu'un à proximité pour nous aider à vaincre les difficultés. Je sais par expérience que quand les choses tournent mal, j'ai tendance à rester assis, à broyer du noir et à m'apitoyer sur mon sort. Je me complais à répéter que tout va mal et que la vie est injuste. Mais j'ai quand même la possibilité d'appeler une amie qui me témoignera de la sympathie tout en me donnant un bon coup de pied au derrière pour que je me remette en mouvement.

Voici donc quelques idées à ce sujet:

- Demandez à quelqu'un en qui vous avez confiance de vous aider à atteindre votre but. Cette personne jouera essentiellement un rôle d'entraîneur, mais assurez-vous qu'elle est aussi engagée que vous dans l'accomplissement de vos objectifs.
- Appliquez-vous à percevoir rapidement le moment où vous vous laissez abattre et avez besoin d'aide. On peut se complaire à souffrir seul dans son coin, mais ce n'est pas ce qui fera avancer les choses. Sachez reconnaître la situation et demandez de l'aide.

On ne cravache pas un cheval éreinté

Si vous vendez de l'eau dans le désert et qu'il se met à pleuvoir, abandonnez le commerce de l'eau pour celui des parapluies.

— AUTEUR INCONNU

Si remarquable que soit votre plan, il se peut que ce ne soit pas le bon. Bon sang ! Oui, je sais, comment serait-ce possible ?

Eh bien, ainsi va la vie, n'est-ce pas ? On ne sait pas ce qu'il adviendra. Il se peut qu'une chose soit pertinente à un moment donné, mais qu'elle se révèle inadéquate au bout de quelques mois. C'est pourquoi vous devez développer la faculté de faire la distinction entre le fait de rencontrer des obstacles et de relever des défis, et le fait de faire fausse route.

Quand on négocie des contrats à terme, la première règle est d'être « prêt à faire la part du feu ». Les gens ont beau l'entendre à satiété, ils restent malgré tout attachés aux décisions qu'ils ont prises et refusent d'abandonner une situation désespérée. Même quand la Bourse plonge et qu'ils risquent de perdre leur entreprise, ils continuent d'affirmer: « Ne vous en faites pas, les affaires ne vont pas tarder à reprendre. » Peut-être que oui, peut-être que non.

Quand vous poursuivez des objectifs importants, vous devez être capable de vous y tenir, mais avec souplesse. Il existe peut-être une meilleure manière d'agir, mais si vous vous accrochez trop, vous ne serez jamais en mesure d'envisager les solutions de rechange.

Comment savoir ?

Je crois que des indices sont perceptibles en cours de route. Le plus difficile est de les discerner. Voyons l'exemple qui suit. À une certaine époque, je dirigeais une petite entreprise qui était sur le point de grossir beaucoup. Pour cela, j'ai décidé de renouveler le graphisme de notre papeterie et j'ai demandé à un concepteur de créer un nouveau logo.

Hélas, tout est allé de travers dès le premier jour. Des dossiers ont été perdus, des informations mal interprétées, des fonds se sont égarés, etc. Mais, avec ma tête de mule, j'ai persévéré et, à la fin, le nouveau logo fut approuvé et envoyé chez l'imprimeur.

Dans la semaine où les dessins ont été acceptés et les cartes professionnelles livrées survinrent deux événements. Une grande société s'est adressée à nous pour un travail légèrement différent de ce que nous faisions habituellement, et plusieurs personnes nous ont fait comprendre qu'une nouvelle appellation serait appropriée. Résultat: le nom de l'entreprise fut aussitôt changé, de sorte que les nouvelles cartes professionnelles furent inutilisables. Rétrospectivement, plusieurs indices avaient révélé que je faisais fausse route. Mais j'avais été trop têtu pour les percevoir.

Alors, soyez ferme et déterminé, sans pour autant ignorer les signaux d'avertissement. Et n'essayez pas d'avoir toujours raison à tout prix.

Négocier avec des gens malcommodes

Traitez un homme pour ce qu'il est et il restera ce qu'il est. Traitez un homme pour ce qu'il peut être et il deviendra ce qu'il peut et devrait être.

— Goethe

Eh oui, vous allez sans doute croiser des gens malcommodes qui semblent toujours essayer de vous faire dévier de votre chemin. Vous voyez de quel genre d'individus je parle ? Ceux qui vous font perdre votre aplomb et risquent de vous amener à deux doigts de la folie.

Je m'explique...

J'ai partagé une maison en colocation avec une fille du nom de Kathy. J'avais la responsabilité de payer le loyer et elle devait déposer sa part sur mon compte, ce que, en six mois, elle n'a jamais fait à temps. Nous achetions tous deux des provisions, mais elle buvait toute la bière sans en racheter. À cette époque, mon travail m'amenait à voyager, et un jour, après une absence d'une semaine, j'ai retrouvé une maison où il n'y avait rien à boire ni à manger. Quand j'ai abordé le sujet avec elle, elle a réagi négativement et m'a dit que je voulais la régenter et que je l'empêchais de se sentir chez elle dans cette maison.

Voyez-vous ça?

Habile tactique, non? Si je tirais sur elle à boulets rouges, je faisais précisément ce dont elle m'accusait et elle se posait en victime. Si par ailleurs j'avais ignoré ses actes, j'aurais eu l'impression d'être exploité et me serais senti de plus en plus frustré.

On rencontre des tas de gens de ce genre. Ils sont très doués pour vous engluer, et une fois qu'ils vous ont amené là où ils le voulaient, il est très difficile de s'en sortir. La solution consiste à reconnaître qu'on vous piège pour vous forcer à réagir d'une certaine manière. Rappelez-vous: le vrai pouvoir, c'est d'être capable de déterminer votre réponse face à n'importe quelle situation. Vous perdez le contrôle sitôt que vous ne faites que réagir.

Kathy avait un petit ami, Martin. À mon arrivée, après un autre voyage d'une semaine, j'ai trouvé un mot qui disait: « N'en fais pas toute une histoire, mais Martin est venu s'installer pour quelques jours. » Ne pas en faire une histoire? Et pourquoi ne devrais-je pas piquer une crise? Je pars quelques jours et tu te permets d'introduire quelqu'un dans la maison! As-tu jamais entendu parler du téléphone? As-tu pensé à m'appeler? Le piège se referme encore une fois. Le mot aurait tout aussi bien pu être rédigé comme suit: « Ne te gêne surtout pas pour piquer une crise, parce que alors tu es moche et Martin devient une victime. »

Les gens malcommodes veulent tout bonnement vous imposer leur vision du monde. Ils vous prennent au piège et contrôlent la situation, cherchant à faire excuser leur comportement.

Comprenez-moi bien. Les gens malcommodes ne sont pas nécessairement malveillants. Ils ont simplement organisé leur vie de manière à se faire pardonner leur conduite dans un monde qui, à leur avis, est injuste, et dont ils sont les victimes. Ils érigent un système dans leur tête qui leur pardonne de ne rien tenter pour faire ce qu'ils voudraient vraiment. Le problème est qu'ils ont constamment besoin de certitudes pour étayer leur philosophie, si bien qu'ils tendent des pièges. Et nous nous y laissons prendre...

Quant à Martin, il s'est bientôt comporté comme à l'hôtel. Il allait et venait à son gré, ne restant en général que le temps de manger ce qu'il trouvait dans le réfrigérateur.

Après deux ou trois semaines de ce régime, j'en avais plus qu'assez et je lui ai dit d'aller se loger ailleurs. Devinez quelle a été sa réaction... Eh oui, il a tempêté et fulminé, disant à quel point j'étais moche et injuste, sans jamais reconnaître un seul instant combien il avait eu de la chance d'habiter tout ce temps à la maison. De son point de vue, il était la victime et, le monde étant injuste, il ne faisait qu'agir en conséquence. Il s'est tourné vers ses amis et leur a raconté combien il avait été maltraité. Et il a gagné leur sympathie. « Oh mon pauvre, comment a-t-on pu se montrer si cruel à ton égard... »

Cette vision du monde autorise Martin à se dire des choses du genre : « Si seulement le monde n'était pas si injuste, je pourrais faire tant de choses. » Le système de Martin le dispense de faire des efforts et d'entreprendre quoi que ce soit.

Comment agir avec ces gens-là ?

Affrontez les gens malcommodes avec gentillesse et franchise. Reconnaissez que, dans l'existence, vous ne pouvez pas constamment tenir le rôle du bon gars aux yeux des autres. Il vous faut développer l'aptitude à prendre des décisions difficiles et le seul moyen d'y arriver est d'être sûr de vos convictions et d'avoir confiance en vous, ce qui vous permettra d'aller jusqu'au bout. Faites cela sans méchanceté, mais avec fermeté, tout en restant aimable et honnête.

Refusez d'entrer dans leur jeu, refusez de vous laisser manipuler, refusez de perdre le contrôle et de réagir sans réfléchir. Ayez le courage de vos convictions et continuez à suivre votre route. Alors, ils devront forcément se regarder en face et c'est bien la dernière chose qu'ils souhaitent.

Si vous arrivez à leur faire face sans réagir, ces gens s'empresseront de s'écarter et de trouver quelqu'un d'autre qui dansera sur leur musique.

Prêt à payer le prix ?

Pour certaines personnes, la vie semble si facile. Mettons cela sur le karma d'une vie antérieure et passons. Quant à la plupart d'entre nous, nous devons parfois nous battre pour réaliser nos rêves, et la plupart du temps, il y a un prix à payer.

Quelquefois, le prix est trop élevé et, en certaines occasions, nous trouvons des excuses pour éviter de le payer. Notre esprit nous joue des tours, le singe veut reprendre le contrôle et nous sommes nombreux à le laisser nous dominer.

Il y a quelques années, j'avais envie d'écrire le scénario d'un film, mais j'avais peur du fiasco. Je refusais d'admettre que j'avais peur, si bien que je tergiversais, me disant que je m'y mettrais dès que j'aurais assez d'argent pour cesser de travailler un certain temps. Bien entendu, le projet n'a jamais vu le jour. Même si une part de moi voulait écrire, l'autre part, le singe qui s'amusait à se balancer dans la jungle, n'avait pas l'intention de me laisser faire.

Être capable de découvrir les excuses que nous nous forgeons fait partie du processus de création. Je me plais à demander à des cadres d'entreprises combien d'heures par semaine ils passent au bureau. En général, ils répondent entre cinquante et soixante. Je leur demande ensuite combien d'heures ils aimeraient travailler, et le chiffre tombe entre trente et quarante. La question suivante est celle-ci: pourquoi ne le font-ils pas? La raison communément évoquée est que ça se passe comme ça dans le monde des affaires. Qui en a décidé ainsi? C'est seulement un consensus décidé par les cadres eux-mêmes et engendré par la peur. La peur de ne pas s'intégrer et de se laisser distancer s'ils travaillent moins. La peur que quelqu'un d'autre prenne leur place.

Évidemment, si vous voulez faire des heures supplémentaires, allez-y, mais si vous ne le souhaitez pas, eh bien ne le faites pas. Ne vous laissez pas gouverner par la peur; gouvernez votre vie selon votre volonté. Mais sachez qu'il y a un prix à payer et acceptez-le de bon gré. Ne vous attendez pas à ce que les autres paient pour vous. Prenez pleinement vos responsabilités.

Gardez aussi à l'esprit que plus la routine se sera profondément installée, plus il sera difficile d'en sortir.

Tout comportement, quel qu'il soit, comporte un prix et un paiement. Restez lucide à cet égard, sachez ce que vous voulez et assurez-vous du concours de quelqu'un qui vous aidera à frayer un nouveau chemin dans votre vie.

Saisissez le cadeau

On peut retirer de doux fruits de l'adversité ;
telle que le crapaud horrible et venimeux,
elle porte cependant dans sa tête un précieux joyau.
— SHAKESPEARE, *Comme il vous plaira*

Chaque défi que nous devons relever nous donne l'occasion de saisir du pouvoir en cadeau. Cela vous semble mystérieux ?

Chaque fois, dans la vie, que vous êtes devant un défi, la force de vos convictions et de votre volonté est mise à l'épreuve. Si vous êtes fidèle à vos convictions et faites face au défi, vous en ressortez avec une foi renouvelée dans la validité de vos objectifs.

Nous admirons les gens qui atteignent la gloire après avoir traversé de rudes épreuves. Il émane d'eux une espèce d'aura qui proclame : « Inutile de m'embêter, je sais ce que je vaux. J'ai été testé de long en large dans la bataille. »

Il en va de même des défis que vous relevez dans la vie. Faites face à l'adversité avec bravoure. Plus le défi est grand, plus grand sera le cadeau de pouvoir.

À une certaine époque, les femmes excessivement émotives me terrifiaient. Je ne savais pas comment me comporter en leur présence, alors j'évitais les confrontations avec elles. Quoi qu'il en soit, l'univers avait sans doute décidé que le moment était venu pour moi d'affronter la situation. Dès lors se sont présentées à répétition des circonstances où je me retrouvais devant des femmes émotives.

J'ai eu droit à toute l'étendue de la gamme. Ma mère, bouleversée par un événement quelconque, s'est mise à pleurer. Ma petite amie s'est fâchée contre moi, a poussé des cris et a fondu en larmes. Une collègue de travail est entrée dans une violente colère contre moi, et puis une amie a fait une grave dépression.

Au début, je n'avais aucun pouvoir sur mes réactions et j'étais incapable de formuler ce que j'avais à dire. Tout ce que je voulais, c'était fuir. Mais petit à petit, à force de me retrouver dans ces situations délicates, je parvenais à m'en dépêtrer et je retombais sur mes pieds. Ainsi, je suis devenu capable de saisir le pouvoir en cadeau.

Le jour où je fus vraiment certain d'avoir acquis le contrôle, j'étais au bord de la piscine, chez une amie des plus émotives. Soudain, la pompe s'est mise à faire des siennes et, avec une certaine assurance, je suis allé voir de quoi il retournait. Pendant que mon amie m'observait, la pompe a émis un grondement et l'un des tuyaux a explosé, nous arrosant de son jet. J'ai regardé mon amie, redoutant sa réaction, puis j'ai éclaté de rire. Elle s'est mise à rire avec moi et, depuis lors, je ne cesse de chérir ce cadeau.

D'autres situations nous donnent l'occasion de recevoir des cadeaux différents, mais qui ont tous une chose en commun: ils requièrent du courage.

Soyons sérieux

Ce n'est pas la critique qui compte, du moins pas celle qui signale comment un puissant de ce monde a trébuché et comment un autre a accompli une bonne action et que tous deux sont devenus meilleurs. L'honneur revient à celui qui est vraiment dans l'arène ; dont le visage est souillé de sueur et de poussière et de sang ; qui lutte avec vaillance ; qui se trompe et manque son coup encore et encore ; qui connaît les grands enthousiasmes, les grandes acclamations et se dépense pour une cause digne et qui, s'il échoue, échoue à tout le moins avec panache, si bien qu'il ne sera jamais dans le rang des tièdes et des frileux qui, eux, ne connaîtront pas plus la victoire que la défaite.

— Theodore Roosevelt

Être heureux tout en poursuivant ses rêves n'est pas un cheminement banal. La plupart des gens commencent avec des tas de rêves, puis ils font des compromis, se retrouvent coincés dans des situations difficiles et finissent par se laisser conduire, essayant d'en tirer le meilleur parti. C'est ce qui donne tant de puissance à la filière de la drogue. S'évader de temps à autre devient un besoin essentiel quand on n'est pas satisfait de la vie qu'on mène.

N'allez toutefois pas croire que la poursuite de ses rêves se fait sur un chemin bordé de roses. Soyez sérieux : vous rencontrerez plusieurs personnes qui vous manifesteront de l'aversion tout au long de votre quête de liberté.

La jalousie peut pousser des gens à commettre des actions et à proférer des paroles négatives. La colère qu'on retourne contre soi, pour avoir échoué dans la poursuite de ses passions, peut se révéler des plus destructrices.

Poursuivre ce qui a pour vous le plus d'importance, sans porter préjudice à personne en cours de route, requiert de la compassion et la capacité de grandir. Essayer d'atteindre ces objectifs dans une perspective individualiste nous limite à une vision égocentrique du monde, et c'est à ce moment qu'intervient l'équilibre.

Établir l'équilibre afin de pouvoir déterminer qui vous « êtes » dans le même temps où vous « faites ». Il est inutile de réussir et de devenir célèbre si vous êtes un crétin, parce que, selon toute vraisemblance, vous ne serez pas plus heureux. Quant à être malheureux, cela irait totalement à l'encontre de l'exercice.

Soyez sérieux, mais avec gentillesse. Poursuivez vos objectifs sans oublier d'y inclure l'harmonie et l'entente.

SOYEZ UNIQUE

Nous sommes tous logés à la même enseigne

Un être humain fait partie d'un tout que nous appelons « l'Univers » ; il demeure limité dans le temps et dans l'espace. Il fait l'expérience de son être, de ses pensées et de ses sensations comme étant séparés du reste — une sorte d'illusion d'optique de sa conscience. Cette illusion est pour nous une prison, nous restreignant à nos désirs personnels et à une affection réservée à nos proches. Notre tâche est de nous libérer de cette prison en élargissant le cercle de notre compassion afin qu'il embrasse tous les êtres vivants, et la nature entière, dans sa splendeur.

— Albert Einstein

Einstein, ici encore, a vu juste : une vie qui se limite à soi est bornée. L'astuce est l'esprit dans lequel vous faites les choses.

L'enseignement bouddhique préconise de s'aider soi-même avant d'aider les autres. Pourquoi ? Parce que nous pouvons guider les autres sur le proverbial sentier fleuri, à défaut de quoi nous sommes nous-mêmes précipités dans l'abîme. Les compagnies d'aviation nous transmettent le même message, pendant que l'appareil se dirige vers la piste de décollage et qu'on nous donne les consignes de sécurité (celles que personne n'écoute): « Dans le cas d'une dépressurisation de la cabine, des masques à oxygène tomberont devant vous. Assurez-vous d'en placer un sur votre visage avant d'essayer d'aider quelqu'un. » En d'autres termes, soyez conscient que vous risquez de mourir aussi vite que les autres, ne vous faites pas d'illusion en vous imaginant que vous êtes supérieur.

Dans la vie de tous les jours, le message serait: « Dans le cas d'un total dérèglement de l'existence, assurez-vous de mettre de l'ordre dans vos propres affaires avant de dire aux autres quoi faire. »

C'est une illusion répandue, et un excellent exemple me vient à l'esprit en songeant à quelqu'un, Marguerite, qui œuvrait auprès des sans-abri et mettait de l'ordre dans la vie des gens. En outre, elle savait où ils pouvaient se procurer de la nourriture et trouver du travail. À la fin de la journée, elle rentrait chez elle, s'écroulait dans un fauteuil et ingurgitait du whisky. Une fois sortie de sa mission humanitaire, Marguerite avait une vie dépourvue d'intérêt. Elle donnait aux démunis des conseils pratiques, mais elle ne pouvait leur venir en aide, ni s'aider elle-même, dans le domaine émotionnel ou spirituel. Elle était aussi perdue et malheureuse qu'eux. Qui se ressemble s'assemble, vous vous souvenez? Dans son esprit, elle justifiait sa tristesse par la nature de son travail. Son amour-propre reposait uniquement sur ce qu'elle « faisait », non pas sur ce qu'elle « était ». Si bien que dès qu'elle cessait de « faire », il ne lui restait plus qu'un sentiment de naufrage, de vide, et elle s'effondrait. Pour traiter son malaise, elle s'évadait grâce à l'alcool.

Le problème, c'est que Marguerite se croyait mieux qu'eux par certains côtés, et elle se tenait donc à l'écart. Pourtant, elle avait sous les yeux les ressources susceptibles de concourir à son salut. Si elle avait pris la peine de jeter un coup d'œil et de s'ouvrir aux autres, elle aurait pris conscience que beaucoup de gens la tenaient en haute estime et auraient tout fait pour l'aider. En vérité, elle suffoquait alors qu'elle conseillait aux gens de mettre leur masque, ayant négligé de se munir d'abord du sien.

Je ne dis pas que Marguerite devrait abandonner son travail auprès des démunis, loin de là. Ce que je veux dire, c'est que nous sommes tous logés à la même enseigne. Au bout du compte, nul n'est meilleur ni pire que les autres. Nous nous ressemblons tous, nous sommes tous faits de la même étoffe.

En Afrique, une croyance zouloue affirme que « je suis parce que nous sommes ». Là-bas, quand on salue quelqu'un, on ne dit pas « bonjour », mais *sawubona,* qui signifie « je vous vois ». Autrement dit : « Je vous vois et je reconnais votre existence unique. » La pire insulte qu'on puisse infliger à un Zoulou est d'ignorer sa présence, puisqu'on lui signifie : « À mes yeux, vous n'existez pas. »

J'ai vécu un certain temps en Afrique du Sud, dans les monts du Drakensberg, où j'ai eu l'occasion de le vérifier. J'avais la chance d'habiter une ferme magnifique au pied des montagnes peuplées en majorité de Zoulous. Une fois par semaine, je me rendais à la ville, à trente kilomètres. Je croisais des gens qui marchaient sur la route – en Afrique, cela veut dire beaucoup de monde – et je leur faisais un signe de la main. Évidemment, si vous vous livrez à cette pratique dans les pays occidentaux, il se peut que 10 % des individus répondent à votre salut. Mais en Afrique, on vous répond à plus de 90 %. Un jour, un ami m'accompagnait et me voyait saluer les piétons. « Tu connais ces gens ? » me demanda-t-il. Spontanément, je lui répondis : « Je les connais tous plus ou moins. » J'ignore d'où me venait cette prise de conscience, n'empêche qu'elle m'a bouleversé. D'une manière ou d'une autre, nous connaissons en effet tout un chacun ; d'une manière ou d'une autre, nous sommes tous interconnectés.

Si nous réussissons à le reconnaître et dépassons la notion limitative de l'individualisme, alors des choses étonnantes se produisent. D'abord, tout sentiment de solitude s'effondre. En effet, comment se sentir seul quand on est entouré de gens qu'on connaît ? Si on a le courage d'abandonner cette fichue attitude d'isolement, on s'ouvre à des possibilités plus vastes. L'horizon de notre existence s'élargit.

Mais comment se fait-il que, dans notre société, nous soyons tellement attachés au « je » ? En Afrique, la vie tribale a toujours existé. Pour survivre dans un tel environnement, à proximité de tribus hostiles et d'animaux dangereux, l'isolement individuel n'a pas de sens. Mais ici, dans le monde « civilisé », nous cultivons depuis longtemps la notion du « je ». Pour en revenir à Socrate, Platon et Aristote, ils ont tous trois prôné la solitude. Non seulement ont-ils séparé les choses en catégories et classifié le monde, mais ils ont aussi séparé et classé les individus. Pour vous en convaincre, il suffit de feuilleter *La République* de Platon.

Au cours des siècles, les philosophes ont également érigé la notion d'existence selon une perspective individuelle. Descartes a écrit: «Je pense, donc je suis», et non pas «Nous pensons, donc nous sommes»... Freud a lui aussi publié des réflexions et des essais sur la notion du «je», qui représentent la base d'une grande partie de nos connaissances en matière de psychologie. Au fil des siècles, l'ego a dominé la pensée philosophique occidentale. Mais qu'en est-il du partage du gâteau? En prenant pour référence une période de pénurie, si on coupe, tranche, analyse, quelle part se réserve cette philosophie? Je dirais la plus grosse. Elle se préoccupe très peu du lien qui nous unit tous, sinon d'un point de vue purement cognitif.

Selon la perspective de la pensée linéaire et analytique qu'épousent ces gens, nous vivons une situation singulière. Notre monde est très riche. La majeure partie de ces richesses se trouve dans le monde occidental, où nous avons en partie éliminé les menaces de famine et autres questions relatives à la vie et à la mort. On devrait donc voir la vie en rose, mais tel n'est pas le cas. Comme je l'ai déjà fait remarquer, on constate une forte augmentation de la dépression dans le monde occidental, qui menace de prendre les proportions d'une épidémie. La psychologie freudienne préconise d'analyser les dépressifs pour découvrir ce qui a cloché dans leur éducation, puis de trouver une solution pour les remettre d'aplomb. D'autres scientifiques s'attachent aux composants chimiques du cerveau et déclarent que la dépression viendrait d'une carence en telle ou telle molécule, et qu'il suffit donc de prescrire des pilules aux malades pour qu'ils se rétablissent. Cela fait songer à la remise en état d'une machine. Découvrez le dysfonctionnement, effectuez les réparations appropriées, puis remettez-la en marche. Dans le cas d'un être humain, analysez-le, déterminez ce qui ne fonctionne pas, remettez-le dans le système économique, maintenez-le en bon état pour qu'il continue d'avoir des envies, qu'il continue à travailler pour satisfaire ses désirs. Quand ses désirs sont comblés, il est heureux.

NON! Ça ne fonctionne pas comme ça.

Je connais des gens qui ont pris des antidépresseurs pendant des années. Remarquez qu'il n'y a pas de mal à prendre des médicaments quand il convient de corriger un déséquilibre. Le problème se pose si vous ne faites rien d'autre. Vous devez agir pour faire bouger les choses et changer de personnalité.

Si vous limitez votre vie en vous concentrant exclusivement sur vous-même, votre monde ne peut être qu'étriqué. Embrassez plutôt l'intercommunication et l'harmonie et le monde vous offrira des possibilités infinies.

Mais quel élément en nous combat cette notion? Quelle part de nous recule devant cette idée? C'est l'ego qui s'écrie «et moi, alors!» L'ego veut qu'on soit meilleur que les autres, qu'on possède davantage que les autres, qu'on soit reconnu par tous. Notre ego est à la source de nos désirs, mais aussi de notre tristesse. Quand quelqu'un éprouve des difficultés, une part au plus profond de nous se réjouit secrètement. Parce que dans un monde où règne la notion du gagnant/perdant, on ne nous laisse pas d'autre choix qu'être vainqueur. Quand nous nous sentons déprimés, une part de notre être regimbe à le laisser voir à notre entourage, car ce serait admettre notre faiblesse.

Les philosophes et les psychologues ont considéré au fil du temps que cette façon de penser était inhérente à la « nature humaine ». Tout acte altruiste est perçu comme une aberration. À leur avis, la vraie nature humaine est gouvernée par la cupidité. Et du fait de cette « nature humaine », les gens qui vivent en société doivent être contrôlés. Ils sont inaptes à s'occuper les uns des autres ; par conséquent, on doit édicter des lois et les faire respecter. C'est pour le bien de tous, pour éviter que les gens ne se fassent mutuellement du tort. Renoncez à la liberté individuelle afin d'améliorer la société.

Le problème est que nous avons créé un monde dans lequel la liberté repose essentiellement sur notre capacité à nous sortir des griffes du système économique. Si vous êtes immensément riche, vous pouvez vous permettre à peu près tout ce que vous voulez. Personne ne vous dit ce que vous devez faire. À vrai dire, si vous voulez changer les choses, il suffit d'agiter une liasse de billets pour faire avancer vos projets plus rapidement.

Voyons la situation en face. Un petit groupe de personnes trouve à sa convenance de voir le monde continuer à fonctionner sur les bases actuelles. Un petit groupe de personnes trouve à sa convenance de voir les gens se battre entre eux. Un petit groupe de personnes trouve à sa convenance de perpétuer l'idée que la nature humaine est si mauvaise que les gens ne peuvent pas prendre soin les uns des autres. Un petit groupe de personnes trouve à sa convenance de promouvoir la notion de précarité.

Quelle est leur force ?

Le pouvoir. Le pouvoir par le contrôle. Le contrôle par l'intermédiaire des mécanismes des systèmes économique et social. Le contrôle par la peur de ce qui pourrait arriver si les choses étaient différentes et si chacun était libre d'agir à sa guise. Si suffisamment de gens ont peur, ils accepteront de renoncer à une partie de leur liberté au profit d'une société sécuritaire.

Regardez les informations télévisées et relevez le nombre d'événements qui illustrent le « mauvais » côté de la nature humaine et combien en révèlent le « bon » côté. Tout cela contribue à promouvoir l'idée que le monde est un lieu dangereux, d'où la nécessité d'appliquer des règles et des systèmes restrictifs propres à empêcher les gens de se faire du mal entre eux.

Comment changer les choses ?

Exigez votre liberté. Poursuivez vos rêves. Embrassez la cause de l'harmonie et de l'intercompréhension.

Un monde bâti sur l'abondance sera forcément abondant. Un monde bâti sur la pénurie sera nécessairement précaire. Si les gens sont nombreux à croire en la nature abondante du monde, cette abondance sera créée. Si nous voulons changer le monde, il faut d'abord se changer soi-même.

Nous sommes tous logés à la même enseigne.

Évoluer

Il n'est rien dont l'exécution est plus difficile ou la réussite plus douloureuse ou le maniement plus dangereux que l'instauration d'un nouvel ordre de choses. Car l'innovateur a pour ennemi tous ceux qui ont prospéré dans l'ordre ancien et pour tièdes défenseurs tous ceux qui ne savent pas encore comment prospérer dans le nouvel ordre.

— Machiavel, *Le Prince*

La peur nous a toujours empêchés d'évoluer vers un niveau entièrement nouveau. La peur de voir quelqu'un s'emparer de mon bien si je cessais de le surveiller. La peur d'être blessé par autrui si je cessais de me protéger. La peur de ne pas recevoir en retour si je donne quelque chose.

La peur signifie que nous nous cramponnons si fort à notre mode de vie qu'il nous est impossible de poursuivre quelque chose de nouveau et de l'intégrer à notre existence.

Considérons la perspective suivante. Vous êtes tellement encombré par toutes sortes de choses que pour intégrer du neuf, vous devez d'abord faire de la place en abandonnant divers éléments. Souvenez-vous de l'analogie avec la capacité de mémoire d'un ordinateur. Si la peur occupe tout l'espace, vous ne pouvez même pas envisager d'autres possibilités.

C'est cette même peur qui conduit les gens du monde des affaires à travailler soixante heures par semaine. C'est encore cette peur qui anime les dirigeants politiques quand ils négocient des accords commerciaux avec d'autres pays qui leur confèrent certains droits à des conditions privilégiées.

Notre système économique, plutôt qu'être à notre service, nous régente. Au lieu de créer une société selon nos vœux, mettant le système économique à contribution dans ce sens, nous nous retrouvons pieds et poings liés. Combien de fois entendez-vous des dirigeants politiques déclarer: « J'aimerais bien consacrer un budget plus important à l'éducation, mais la conjoncture économique ne s'y prête pas. » Quels faux jetons! La conjoncture ne s'y prêtera jamais! Par sa nature même, le système économique est basé sur la pensée rationnelle. Il scinde les choses, puis il les analyse. Il ne peut être que linéaire. Il ne distribuera que ce qui se trouve déjà dans le circuit.

Voyons les choses sous cet angle. La valeur totale des entreprises cotées en Bourse varie en fonction de ce que nous croyons collectivement. Si nous décidons que la conjoncture est favorable et que les sociétés doivent être évaluées à la hausse, elles le seront. Si nous décidons que les événements sont défavorables, alors nous dévaluons les valeurs du marché.

Vous saisissez? Rien ne nous empêche d'aller dans un sens ou dans l'autre, sauf la foi. Si nous croyons en l'abondance, nous pouvons créer de l'abondance. Si nous croyons à la pénurie des ressources et que des gens doivent en pâtir, alors il y aura des famines.

En 1990, je négociais des contrats à terme au Japon, et la Bourse de Tokyo se maintenait à un niveau élevé. Les valeurs se négociaient à un coefficient supérieur à cent, quand d'ordinaire elles auraient dû coter à un taux se situant entre vingt et quarante. Mais les investisseurs voyaient l'avenir en rose, de sorte que le marché continuait de grimper. Puis, lentement mais sûrement, certains se sont mis à murmurer que le marché était trop élevé et ce point de vue a fini par se répandre. Des gens se sont mis à vendre leurs actions et, plus les prix baissaient, plus il devenait évident que le marché était surévalué. Finalement, l'opinion s'est généralisée, faisant chuter le marché.

Le fait est que cela résulte uniquement d'une conviction collective. Il suffit de modifier la conviction pour modifier le résultat.

Il nous faut sortir de ce cercle vicieux. Nous devons nous mettre à interagir avec le système de manière différente – une manière qui reflète le monde que nous souhaitons créer plutôt que celui qui est à présent le nôtre.

Il est temps d'évoluer

Dans 20 ans, la population mondiale aura atteint son maximum. Selon certaines estimations, nous serons alors neuf milliards d'habitants, puis ce chiffre se stabilisera un moment avant de commencer à décroître.

Regardons d'un peu plus près cette population stationnaire, plus âgée que la moyenne actuelle, qui aurait un taux de natalité extrêmement bas. Accepterons-nous encore une situation où un faible pourcentage de la population continuera à s'enrichir, alors que la grande majorité croupira dans la pauvreté ?

Il faut dès maintenant envisager un monde basé sur des principes d'abondance, d'harmonie, et sur une richesse d'esprit qui fait défaut à plusieurs pays occidentaux. Pour y arriver, il faut du courage et une vision claire, mais, plus encore, il faut AGIR.

La loi du plus fort?

Nous sommes tous des meneurs.
Chacun d'entre nous sert d'exemple
à quelqu'un d'autre, et chacun d'entre
nous porte la responsabilité de modeler
l'avenir tel que nous le souhaitons.
— KESHAVAN NAIR

Menez-vous votre vie selon «la loi du plus fort»? Passeriez-vous sur le cadavre de vos adversaires pour réclamer le trophée de la victoire? Pour vous, chaque conflit auquel vous devez faire face doit-il absolument se terminer avec un gagnant et un perdant?

Non?

Alors, pourquoi accepter systématiquement ces règles du jeu?

Réfléchissez un moment à cette question. Au fur et à mesure que nous grandissons, on nous enseigne qu'il faut prendre soin des membres de notre famille et de nos amis, et nous nous occupons activement de leur bien-être, souvent avec altruisme. De plus, notre famille et nos amis nous procurent un havre sûr à l'abri du monde extérieur. Même quand il y a dispute, nous savons que les liens du sang ne peuvent être rompus. En d'autres termes, nous sommes soudés les uns aux autres, de sorte que nos gestes s'accordent avec la pérennité de notre relation.

Maintenant, comparez ce qui précède avec ce qu'on nous dit du monde extérieur, celui des affaires en particulier. « C'est là où les loups se mangent entre eux », dit-on. Et « prends garde à toi » est une expression d'au revoir très fréquente. Quand des collègues de travail se rencontrent devant un verre, la conversation est truffée de termes dignes d'un rapport de combat. « Vous gagnez ou vous perdez ? » On parle d'opérations remportées de haute lutte, d'adversaires dont on a contrecarré les plans, de missions remplies, etc.

On en est venu à supposer que le monde fonctionne comme ça, c'est tout. On suppose aussi qu'il n'est pas possible de le changer, alors on s'adapte pour se couler dans le moule. À la maison et avec nos amis, nous adoptons un type de comportement, mais celui-ci n'est plus le même quand nous passons dans le monde du travail.

Pourquoi croyons-nous que le monde ne peut pas changer ?

Prenez le temps de réfléchir à la question dans une perspective personnelle. Êtes-vous de ceux qui adoptent un certain comportement à la maison et un autre au travail ? Êtes-vous sur vos gardes dès que vous arrivez au bureau ? Êtes-vous constamment à l'affût d'occasions qui profiteront à votre entreprise au détriment d'une autre ?

S'il est vrai que les semblables s'attirent et que les convictions collectives créent la réalité, aussi longtemps que la grande majorité continuera de suivre la même voie, rien ne changera jamais. Nous aurons beau nous lamenter, la situation restera la même.

S'il est vrai que les semblables s'attirent, pourquoi ne pas prendre la tête au lieu de suivre la caravane ? Il faut commencer à rechercher des solutions gagnant/gagnant, envisager un avenir opulent pour l'intérêt commun et non plus dans une perspective égoïste. Il faut évoluer vers un niveau supérieur et devenir un meneur, pas un suiveur.

Le temps des idées nouvelles

Je comprends que mes propos puissent vous sembler un peu excessifs, un peu radicaux. Mais songez-y. Notre société est encore fondée sur les théories d'individus qui ont existé voilà plus de deux mille ans. Oui, je reviens à ces trois philosophes grecs: Socrate, Platon et Aristote.

Notre système économique est basé sur les théories de gens qui les ont élaborées il y a un peu plus de deux cents ans, dont Adam Smith, le père de l'économie de marché.

D'accord, toutes ces idées nous ont bien servi puisque, fondamentalement, la richesse s'est accrue continuellement depuis lors. Au cours des cent dernières années en particulier, on supposait à juste titre que chaque nouvelle génération vivrait dans de meilleures conditions matérielles que la précédente. Jusqu'à maintenant...

De nos jours, nous observons plus de dépressions et de suicides, un taux plus élevé de stress et une baisse de la joie de vivre. En outre, nous approchons du moment où la population de notre planète atteindra un maximum.

Il est temps d'élaborer de nouvelles idées. La plus fondamentale serait de redéfinir la nature humaine. Demandez-vous si vous êtes animé par vos pulsions animales élémentaires ou par votre moi supérieur. Vous laissez-vous secouer en tous sens par le singe ? Ou croyez-vous être en mesure de le maîtriser ? Avez-vous le sentiment d'être freiné et limité par la nécessité de survivre ? Ou réussissez-vous à surmonter l'adversité ? Êtes-vous foncièrement mauvais ou bon ?

Si vous croyez possible de changer et d'évoluer, pourquoi n'en serions-nous pas tous capables ?

Voilà le défi que doit maintenant relever la race humaine. Pour assurer votre propre liberté, vous devez vous battre pour la liberté de tous. Votre liberté *est* aussi celle des autres.

Très bien, j'arrête de ressasser tout cela et nous allons voir ensemble les conséquences qu'entraînent le changement de comportement et le dépassement de soi.

Les clés de la compassion

Adhérer à la notion d'interconnexion et d'harmonie exerce un effet profond sur votre comportement dans le monde actuel. Tant que nous croyons vivre séparés des autres, nous sommes seuls à mener nos batailles. Soyez lucide : si vous croyez à l'illusion de la scission, vous ne pouvez que vous perdre vous-même. Si par contre vous abandonnez l'idée de séparation, vous ne pourrez jamais vous perdre. Tout ce qui se produit maintenant fait partie intégrante de vous, et réciproquement.

L'idée de séparation aboutit au jugement et provient de lui. Qui est le meilleur ou le pire ? Qu'est-ce qui est juste ou erroné, bien ou mal ? Laissez tomber le jugement et vous serez à même d'appréhender toute expérience comme un élément de l'ensemble. Accrochez-vous au jugement et vous enfermez les gens dans des cases et les poussez à l'écart. Du fait que les semblables s'attirent, les autres feront de même à votre égard. Au bout du compte, vous vous sentirez peut-être supérieur, mais vous serez sur une île déserte. Une île où personne ne vous renverra votre image ni ne contribuera à votre développement.

Voyez-vous le type d'individu dont il est question ? Quelqu'un tout d'une pièce, avec des opinions bien arrêtées sur tous les sujets et dont les idées sont si archétypales et rigides qu'il ne changera jamais. Je pense que, au fur et à mesure que nous avançons en âge, nous en arrivons tous à un certain point de l'existence où nous décidons soit d'en rester là avec notre bagage de connaissances et renonçons à nous développer davantage, soit de continuer à nous cultiver et à apprendre, nous ouvrant ainsi l'esprit à des potentialités infinies. Si vous décidez de vous arrêter là et de vous fermer l'esprit, vous n'avez plus la possibilité de bouger. Si c'est ce que vous voulez, continuez sur cette voie, mais avec le temps, l'amertume et la frustration grandiront en vous.

Revoyez le schéma passé/présent/avenir et vous constaterez que cela signifie que vous avez délimité un certain territoire dans le domaine du passé et décidé de le perpétuer dans le présent. Les gens qui réagissent ainsi ont déjà tellement investi qu'à la fin, ils ont de plus en plus de mal à bouger. Quand ils croisent des personnes qui ne partagent pas leur avis, peu importe le sujet, ils deviennent très agressifs parce qu'ils ne savent pas quoi faire d'autre.

Cette manière de voir le monde découle en général d'un esprit qui classe tout par catégories. De ce point de vue, le monde devrait fonctionner comme ça, et s'il fonctionne autrement, quelque chose ne va pas. Ces gens recherchent d'abord quelque chose ou quelqu'un à blâmer.

Changez donc de mentalité et acceptez le monde tel qu'il est. Mais, plus important encore, prenez conscience que le monde bouge et se transforme sans cesse. Attachez-vous à voir les possibilités, et non pas les problèmes.

Quant à la compassion, c'est être capable d'accepter tous les points de vue sans porter de jugement. Si vous savez qui vous êtes de façon claire et certaine, si vous savez ce que vous valez, vous n'avez aucune raison d'écraser les autres ou de chercher à leur prouver qu'ils ont tort. Si vous admettez que le monde est un mystère, alors vous avez assez de force pour accepter les points de vue des autres et grandir.

Si par contre vous avez la vision d'un monde figé, vous ne pouvez vous retenir de mettre en avant ou de défendre votre point de vue. Votre perspective est fondée sur l'idée d'un monde immuable. Même les scientifiques savent désormais que c'est faux. Dans la perspective scientifique, l'univers est en constante expansion. Si tel est le cas, pourquoi la conscience humaine ne pourrait-elle pas évoluer en continu?

Si vous voyez le monde comme un flux d'énergie riche et mystérieuse, la vie s'apparente davantage à un voyage en mer qu'à un trajet en train. Dans le cas du train, les rails sont fixes, vous n'avez aucun contrôle et vous vous laissez conduire. Mais quand vous voyagez sur la mer, vous êtes exposé au caprice des vagues, aux courants et aux conditions météorologiques. Il vous faut savoir où vous allez, connaître vos points de repère, savoir réagir aux situations critiques. La traversée sera peut-être mouvementée, mais elle sera beaucoup plus intéressante que si vous restez assis dans un train à regarder défiler le paysage dans un brouillard d'ennui.

Revenons maintenant à la compassion. Prenez le temps de définir qui vous êtes et de choisir votre action, mais ensuite, allez plus loin et optez pour l'interconnexion. Si vous y parvenez, vous aurez gagné un vaste espace libre dans votre cœur, ce qui vous permettra de prendre en considération les points de vue des autres. Dès lors, vous pourrez vraiment communiquer avec eux et les écouter.

Le plus beau cadeau qu'on puisse offrir aux autres, c'est soi-même dans toute sa vérité. De cette manière, nous leur présentons un miroir réel et exact qui leur permet de se voir à leur tour tels qu'ils sont. De plus, nous nous donnons en même temps à nous-mêmes la plus belle occasion de grandir.

L'orgueil nous aveugle

J'ai récemment parlé avec une amie d'interconnexion et d'unité, et ces idées semblaient la contrarier. Je n'ai pas saisi tout de suite pourquoi, mais au cours de la conversation, j'ai fini par comprendre qu'elle avait le sentiment que, si nous formions tous une entité globale, alors sa petite personne se fondait dans l'ensemble. Elle voulait avant tout qu'il n'y eût qu'elle.

Cependant, le concept d'unité n'exclut pas le caractère unique des individus. À vrai dire, il repose sur lui. Cela signifie simplement qu'un élément commun circule en toutes choses. Comme si nous étions de petites billes d'énergie alimentées par un courant commun qui circule à travers tous les êtres. Si un seul d'entre nous essaie de détourner du courant à son usage exclusif, il n'y aura plus qu'une multitude de petites loupiotes au lieu d'un énorme globe lumineux. Imaginez un sapin de Noël illuminé. Si vous garnissez l'arbre de nombreuses petites ampoules clignotantes, l'effet ne sera pas vilain, mais elles ne s'allumeront pas toutes en même temps. Pour obtenir des décorations de Noël grandioses, il faut installer beaucoup d'ampoules reliées par un courant commun afin qu'elles produisent une luminosité uniforme. Ainsi, chaque loupiote fait partie d'un ensemble plus grand qu'elle. Le résultat global est nettement supérieur à la somme des éléments.

Cette image s'applique assez bien à l'être humain. Celui-ci peut essayer de briller individuellement, mais il ne sera jamais aussi grand qu'en se joignant aux autres. Hélas, l'orgueil nous aveugle parfois au point de nous empêcher de voir cette possibilité. En pensant que nous sommes meilleurs que les autres, nous nous préparons une belle dégringolade. Cultiver un sentiment démesuré d'autosatisfaction peut nous rendre aveugles et nous empêcher d'apprendre, de grandir, d'avancer et de tirer parti des leçons qui se trouvent juste sous notre nez. L'autosatisfaction peut aussi être la source d'une immense tristesse quand elle devient apitoiement sur soi. Cela vous paraît étrange? Alors, considérons la question comme suit. Quand vous vous apitoyez sur vous-même, vous vous dites que les autres devraient vous plaindre et vous vous persuadez que vous êtes trop bien pour ce que la vie vous a réservé. En d'autres termes, plaignez-moi, parce que je dois me débrouiller seul pour faire mes études à l'université, alors que les autres ont l'aide de leurs parents. Le message sous-jacent est: «Je suis trop bien pour vivre ça, je mérite mieux.»

Le monde «existe», vous vous rappelez? Rien n'est bon ni mauvais tant qu'on n'a pas décidé qu'il en serait ainsi. L'apitoiement sur soi est une manière de refuser de jouer le jeu de la vie et de considérer que les règles devraient être assouplies à son avantage. Mais ça ne fonctionne pas comme ça.

Le monde est ce qu'il est et le seul moyen d'avancer réside dans l'action. Souvenez-vous qu'il n'est pas possible de saisir pleinement le sens des événements qui se produisent dans le présent avant qu'ils ne relèvent du passé. Tout ce qu'il vous reste à faire, c'est vivre à 100 % ici et maintenant, et progresser.

L'orgueil et l'autosuffisance peuvent vous rendre aveugle à cette réalité comme aux occasions qui, souvent, vous crèvent les yeux.

Voici un bel exemple. Marc est un excellent moniteur de plongée sous-marine, ce qui l'a amené à se rendre en Australie à la recherche d'un emploi. À son arrivée dans ce pays, la belle saison battait son plein et tous les emplois étaient pourvus. En dépit de ses démarches, Marc n'a déniché aucun poste. N'ayant presque plus d'argent, il a fini par ravaler son orgueil et se rendre dans un bureau d'emploi où on lui a immédiatement proposé d'être chauffeur de limousine.

Or, Marc ne souhaitait pas devenir chauffeur de limousine. Pour lui, un chauffeur de limousine n'était qu'un chauffeur de taxi de luxe. Même si la situation ne l'enchantait pas, Marc s'est montré aimable avec tous ceux qui montaient dans sa voiture. Étant donné qu'on lui posait beaucoup de questions sur la région, il a emmagasiné de nombreuses connaissances à ce sujet. Un jour, à l'aéroport, un Anglais est monté dans la limousine, et pendant tout le trajet, Marc lui a parlé en détail de la région. Une fois devant l'hôtel, Marc a demandé à son passager ce qui l'amenait en Australie et il a appris que l'Anglais venait lancer un bateau et enrôler un nouvel équipage. « C'est dommage que vous ne soyez pas plongeur, a dit l'homme, car nous aurions besoin de quelqu'un ayant vos connaissances pour diriger le secteur plongée sous-marine. »

Inutile de dire que les yeux de Marc se sont mis à briller, qu'il a décroché le poste et qu'il vit heureux depuis lors.

La conclusion ?

Ne vous imaginez pas en savoir plus que les mânes. Le monde est un mystère, rappelez-vous. La situation qui se présente à vous dans l'immédiat est précisément celle qu'il vous faut, mais, si vous êtes bourré d'orgueil, vous risquez de passer à côté irrémédiablement.

La vie prend de l'expansion

Vous avez sans doute déjà compris qu'il est possible de répondre à plusieurs reprises à la question de savoir quelle direction faire prendre à votre vie. Cela n'a rien d'étonnant, puisque la vie n'est ni linéaire ni immuable. La vie bouge tout au long de notre existence et son expansion représente le principal outil de notre parcours.

Nos choix constituent les éléments de cet outil. Chacun de nos choix exerce un effet sur notre parcours comme sur notre existence. C'est pourquoi le concept de destinée ne peut être qu'erroné : pour la simple raison que nos interactions modifient le monde. Si vous souhaitez le vérifier, il vous suffit de revoir vos actes passés.

Dès que vous faites un geste, vous ne pouvez plus revenir en arrière, vous ne pouvez pas effacer l'expérience. Et le moindre de vos actes exerce une profonde influence sur votre vie.

Un esprit qui s'est élargi pour accueillir une idée nouvelle ne revient jamais à sa dimension originelle.
— Oliver Wendell Holmes

Revoyez l'analogie où la pluie qui tombe sur la plaine forme des canaux, et vous comprendrez mon propos. Imaginez maintenant qu'un promoteur immobilier achète le terrain et décide de creuser un fossé de drainage. Chaque fois qu'il pleuvra, l'eau s'écoulera dans le fossé et le paysage ne sera plus jamais comme avant.

Il en va de même de notre cerveau. À l'école, j'ai appris à faire des divisions à plusieurs chiffres, puis un jour, j'ai reçu une calculette. À présent, j'aurais le plus grand mal à venir à bout de ces divisions, même si on me payait pour le faire. En outre, je ne vois plus l'intérêt de me débattre avec ce genre de problèmes et je préfère utiliser la calculette.

La répétition fait de nous ce que nous sommes. L'excellence n'est donc pas une qualité mais une habitude.
— Aristote

Voyons à l'aide d'un exemple. Que faisiez-vous pour vous défouler avant de commencer à boire? Adolescents, mes frères et moi étions férus de moto. Il y avait un chemin de terre près de chez nous et quand je me sentais les nerfs à vif, je sautais sur la moto et je filais sur le chemin, faisant crisser les pneus, me prenant pour un phénomène. Quand j'ai quitté la maison familiale, j'ai remplacé mes courses en moto par des sorties dans les bars avec mes collègues.

Pourquoi est-ce si difficile à présent de partager un repas avec des amis sans boire un verre? Si vous n'aviez jamais commencé à boire, cela ne vous gênerait pas, mais parce qu'il y a eu un premier verre, vous ne pouvez plus revenir en arrière, votre vie en a été changée à jamais. On peut en dire autant de toutes les drogues, la plus insidieuse étant probablement le tabac.

J'ai fumé ma première cigarette à 14 ans parce que je pensais que ça me donnait un air décontracté et parce que tous mes amis le faisaient. Depuis, j'ai compris à quel point le tabac est nocif et combien cette routine est profondément ancrée dans mon cerveau. Je n'ai pas fumé depuis un certain temps, mais je ne peux m'empêcher d'y penser et je sais exactement quelle sensation une cigarette me procurerait. Je connais des gens qui ont cessé de fumer il y a 10 ans et qui malgré tout ont toujours envie d'une cigarette. S'ils n'avaient jamais allumé leur première cigarette, ils ne connaîtraient pas cet état de manque. Leur vie en a été changée à jamais.

Comprenez-vous ce que je veux dire? Nous ne saisissons pas le sens de nos actes au moment où nous les accomplissons; il faut laisser filer le temps afin qu'ils appartiennent au passé. En ce sens, la vie elle-même devient l'instrument du parcours.

Observez vos relations avec les autres et vous verrez. En établissant des relations avec des gens, nous apprenons des choses qui modifient nos idées. Nos espoirs, nos expériences, nos perceptions se transforment. Nous changeons du simple fait de vivre.

Que retirer de tout cela ?

Ce que j'essaie de vous dire, c'est de ne pas vous cramponner trop fort. Quand on voit le monde comme un flux incessant d'énergie, s'accrocher à des idées ou à des points de vue immuables serait comme essayer de se retenir à un fragile roseau au milieu d'un torrent. Vous ne pourrez tenir très longtemps, alors autant laisser filer. Voilà bien le paradoxe... Pendant que vous êtes secoué par le courant, il vous faut non seulement être prêt à abandonner des tas de choses, mais aussi avoir une bonne idée de votre destination. Si vous y parvenez, vous serez capable d'attraper et de retenir à deux mains les occasions au moment où elles se précipiteront à votre rencontre.

L'oiseau de paradis se pose sur la main
de qui ne cherche pas à s'en saisir.
— William Wordsworth

Le parcours est la destination

Dans cette société où règnent l'affluence, la bousculade et l'affairement, nos regards sont constamment tournés vers l'avenir ou le passé. Nous vivons rarement ici et maintenant, où se trouve pourtant le vrai défi. Nous avons tendance à voir dans la vie une progression linéaire, une ligne droite, unidirectionnelle, ce qui contribue à nous détraquer.

Peu importe ce que nous rencontrons dans le moment présent, nous avons tendance à n'y voir qu'un tremplin vers autre chose.

L'histoire d'un jeune Japonais qui voulait apprendre les arts martiaux illustrera mon propos. Tetsuro était petit pour son âge et les autres garçons du village s'en prenaient souvent à lui. Un jour, il décida d'apprendre les arts martiaux pour se protéger. Il se renseigna et apprit qu'un grand *sensei* (un maître) vivait dans les montagnes. Tetsuro se mit en route afin de rencontrer le *sensei* et devenir un grand guerrier. Au terme de plusieurs jours de voyage, il arriva au dojo, salua respectueusement le maître et lui annonça qu'il souhaitait suivre son enseignement. Le *sensei* fut d'accord et Tetsuro demanda : « Combien de temps me faudra-t-il pour devenir ceinture noire, maître ?

– Dix ans », répondit le *sensei*.

Tetsuro était déçu ; il ne voulait pas attendre si longtemps.

« Et si je travaillais deux fois plus fort que mes compagnons, combien de temps, alors ?

– Vingt ans », répliqua le *sensei*.

Tetsuro était déconcerté.

« Et si je travaillais deux fois plus fort que les autres et une partie de la nuit en plus, il faudrait combien de temps ?

– Trente ans, répondit le *sensei*.

– Maître, pourquoi dites-vous que l'apprentissage sera plus long si je travaille plus fort ? »

Le *sensei* regarda pensivement Tetsuro avant de déclarer : « Parce que si tu envisages la destination, il te faut envisager le parcours. »

Nous devons conserver notre destination en mémoire afin de rester pleinement disponibles dans l'immédiat et utiliser tout le pouvoir à notre disposition dans le moment présent. C'est à cette seule condition que nous pouvons être entièrement conscients de nos actions actuelles et que nous jouissons de la présence d'esprit propre à discerner les circonstances opportunes qui surviennent en cours de route.

Pas si simple, n'est-ce pas ? En somme, sachez clairement où vous voulez vous rendre, mais en même temps, soyez totalement présent ici et maintenant.

Observez un peu la nature. Existe-t-il un point final dans la nature ? Non. Tout dans la nature est en perpétuelle transformation. Vous souvenez-vous du principe de Heisenberg? La nature d'un objet se modifie par son interaction avec le sujet. Voici une autre théorie: l'ensemble de Mandelbrot. Selon cette théorie, tout passe d'un état de chaos à un état organisé, puis retourne au chaos et ainsi de suite. L'ensemble de Mandelbrot se compose d'une séquence de nombres qui prévoit le phénomène.

Songez un instant à toutes les implications de cette théorie. Tout est en perpétuel état de changement, rien ne demeure immobile. Un état ordonné règne un certain temps, mais en cours de transformation, il se rapproche de plus en plus du chaos, puis, à mesure que le chaos se modifie à son tour, il crée lentement un nouvel état organisé bien que différent.

Maintenant, combinons le principe de Heisenberg à l'ensemble de Mandelbrot.

Tout change sans arrêt. Notre interaction avec l'environnement influence celui-ci et entraîne des transformations. Le sens dans lequel il change est en relation directe avec notre interaction. Ainsi, la perception que nous avons de nous-mêmes modifie la manière dont nous nous transformons. Les projets que nous émettons dans le monde influencent la manière dont le monde change. Nous devenons ce en quoi nous avons foi.

Rappelez-vous ce que dit Descartes: «Je pense, donc je suis.» Peut-être devrait-on dire plutôt: «Je crois, donc je suis.»

Des tribus anciennes des jungles d'Amérique du Sud, les Shuars, les Otavalans et les Salasacans, croient à peu près la même chose. D'après eux, nos rêves créent notre réalité; et il n'est possible de créer une réalité que si elle a d'abord été rêvée. Pour changer la réalité, il nous suffit donc de changer le rêve.

Bien, mais revenons au parcours. Le parcours est également la destination. L'entreprise repose sur un projet bien défini, mais il faut aussi être totalement conscient de ce qui se produit dans l'instant immédiat.

Vue d'ensemble

Votre tête est-elle sur le point d'exploser ? Peut-être que non. Quoi qu'il en soit, une vue d'ensemble s'impose ici. C'est du moins ce que je crois.

- Le monde est un mystère. Nous ne devons jamais cesser de rechercher des réponses, mais nous ne devons jamais nous attendre à le comprendre entièrement.
- Oui, la vie a un sens. Il faut grandir, apprendre et évoluer grâce aux défis qui se présentent à nous. La meilleure disposition est de découvrir quelle voie nous poursuivrons dans la vie. Et il faut rechercher nos passions au tréfonds de nous-mêmes.
- Faites de la mort votre conseillère. Ne vous abusez pas en vous imaginant immortel : vous ne l'êtes pas. Embrasser la mort permet d'acquérir une ligne directrice et de renoncer aux futilités de l'existence.
- Déterminez vos convictions et ayez le courage de les défendre. Chaque défi relevé vous rendra plus fort en vous faisant cadeau de pouvoir.
- Affirmez votre volonté d'être heureux.
- Agissez. L'univers entier est mouvement. L'action provoque des ondes dont vous ne

pouvez deviner les répercussions. Utilisez vos nouveaux points d'ancrage pour créer ce que vous voulez vraiment, sans vous laisser retenir par de vieilles habitudes.

- Sortez de votre coquille et optez pour l'abondance.
- Après un coup dur, prenez l'habitude de vous relever et de vous secouer. Chaque chute fait partie de la vie.
- Ne vous limitez pas à l'ego. Optez pour l'union, l'interconnexion et l'harmonie.
- Battez-vous pour la liberté des autres, car de leur liberté dépend la vôtre. Ayez la bravoure d'un meneur en créant un monde meilleur, plus juste et plus libre.
- Permettez à votre vie de prendre de l'expansion. Ne vous cramponnez pas trop fort.
- Soyez parfaitement disponible ici et maintenant.
- Ayez la joie au cœur et projetez vers le monde extérieur autant d'énergie positive qu'il vous est possible.

Voilà, nous sommes arrivés au terme de ce petit livre et le moment est venu de nous quitter. Il est temps pour vous de monter au créneau et de prendre votre élan. J'espère que ces idées vous seront utiles et je vous souhaite de réussir votre propre parcours.

À la fin de notre long voyage, nous reviendrons à notre point de départ et le verrons pour la première fois.

— T.S. Eliot, *Four Quartet*

Table des matières

Achevé d'imprimer au Canada
sur papier Quebecor Enviro 100 % recyclé
sur les presses de Quebecor World Saint-Romuald

100%